Heinrich von Kleist

Die Marquise von O...

von Katja Kauer

W0291531

Schroedel Interpretationen Band 33

westermann GRUPPE

© 2012 Bildungshaus Schulbuchverlage
Westermann Schroedel Diesterweg
Schöningh Winklers GmbH, Braunschweig
www.schroedel.de

Das Werk und seine Teile sind urheberrechtlich geschützt. Jede Nutzung in anderen als den gesetzlich zugelassenen Fällen bedarf der vorherigen schriftlichen Einwilligung des Verlages.

Druck A 2 / Jahr 2019

Redaktion: Dr. Hans-Georg Schede
Reihentypografie: Thomas Schröder, Braunschweig
Satz: Ira Petersohn, Ellerbek
Repro und Druck: Westermann Druck GmbH, Braunschweig
Titelbild: Edith Clever als Titelfigur in dem Film »Die Marquise von O…«, den der französische Regisseur Eric Rohmer 1975/76 auf der Grundlage von Kleists Erzählung drehte. Foto: © ddp images

ISBN 978-3-507-47734-6

Einführung

Im Jahr 2001 kam eine auf ein jugendliches Publikum zugeschnittene filmische Adaption des ›Ohnmacht-Vergewaltigung-Schwangerschaft‹-Motivs aus der *Marquise von O…* unter dem Titel *Julietta* in die deutschen Kinos (Regie: Christoph Stark). Die Abiturientin Julietta besucht ihren Freund Jiri für eine Nacht in Berlin, um mit ihm auf der Love Parade zu feiern. Als sie im Drogenrausch in einen Springbrunnen fällt, wird sie von Max, einem fremden jungen Mann, erst beherzt gerettet und dann – immer noch ohnmächtig – vergewaltigt. Nach Stuttgart zurückgekehrt, erkennt sie, dass sie schwanger ist. Sie hält Jiri für den Vater des Kindes und fährt wieder nach Berlin. Dort trifft sie Max wieder. Die beiden verlieben sich ineinander, doch dann gesteht Max, was er ihr bei ihrer ersten Begegnung angetan hat. Beide Männer kommen als Väter des Kindes in Frage. Julietta entscheidet sich am Ende für das Kind, aber gegen ihre Beziehung mit Jiri und ebenso gegen ihre Gefühle für Max.

Dieser Film übers Erwachsenwerden hat bei der Kritik gemischte Reaktionen hervorgerufen. Das Spiel der jungen Darsteller und die Inszenierung des Lebensgefühls junger Erwachsener wurden zumeist gelobt, während die Austragung des Konflikts vielfach als oberflächlich empfunden wurde. Dass die Handlung an Kleists Erzählung angelehnt ist, wurde allgemein bemerkt. Auf der Internetseite ›www.filmszene‹ meldete sich ein Kritiker zu Wort, der den Film als »völlig dämlichen Blödsinn«, aber auch Kleists Geschichte als »peinlichen Schwachsinn« bezeichnete. »[…] da hilft es auch nix, wenn sich das irgendwann mal ein großer Literat ausgedacht hat. Daß solcherlei Leute halt auch mal Mist schreiben, scheint der […] Drehbuch-Autor Jochen Bitzer an seiner Uni nicht gelernt zu haben.«

Ein Anliegen dieses Bands besteht darin, Voraussetzungen für ein differenzierteres Verständnis von Kleists Erzählung zu schaffen. Dabei soll nicht bestritten werden, dass der Text in mancher Hinsicht eine Zumutung darstellt. Viele zeitgenössische Leser fühlten sich aufgrund des sexuellen Gehalts der Erzählung abgestoßen. »Nur die Fabel derselben angeben«, so Karl August Böttiger in der Zeitschrift *Der Freimüthige* (Ausgabe vom 4. März 1808), heiße schon, »sie aus den gesitteten Zirkeln verbannen«. Kleist reagierte auf die Kritik mit herber Ironie. Im April/Mai-Heft seiner eigenen Zeitschrift *Phöbus* brachte er unter dem Titel *Die Marquise von O...* folgendes Epigramm: »Dieser Roman ist nicht für dich, meine Tochter. In Ohnmacht! / Schamlose Posse! Sie hielt, weiß ich, die Augen bloß zu.« (DKV, Band 3, S. 772f. und 414) Prüderie war in seinen Augen kein Maßstab für ästhetische Werturteile.

In diesem Band soll gezeigt werden, wie Kleists Erzählung philosophische, aber auch gesellschaftliche Konstellationen ihrer Entstehungszeit aufnimmt und zur Diskussion stellt.

Das Buch beginnt wie alle Bände dieser Reihe mit Hinweisen auf den Zusammenhang zwischen Kleists Leben und Werk, einer Darstellung zeitgeschichtlicher Bezüge des Texts und einer knappen Schilderung seiner Entstehungsgeschichte. Eine genaue Inhaltsangabe soll helfen, die komplexe Handlungsstruktur zu erfassen. Danach folgen zwei Kapitel, in denen der Text erst systematisch erschlossen und dann exemplarisch interpretiert wird. Den Abschluss bilden eine literaturgeschichtliche Einordung der Erzählung und Hinweise zu ihrer Rezeption.

Zugrunde gelegt wird die im Bildungshaus erschienene Textausgabe (»Schroedel Lektüren«), die in der Auswahlbibliographie aufgeführt ist. Dort sind auch alle weiteren verwendeten Quellen genannt, aus denen in diesem Band zitiert wird. Zitate werden unter Verwendung von Kürzeln nachgewiesen.

I Biographische und zeitgeschichtliche Einflüsse

1 Biographischer Zusammenhang

Am Morgen seines Freitodes, am 21. November 1811, schrieb Heinrich von Kleist in dem Abschiedsbrief an seine Halbschwester Ulrike: »[...] du hast an mir gethan, ich sage nicht, was in Kräften einer Schwester, sondern in Kräften eines Menschen stand, um mich zu retten: die Wahrheit ist, daß mir auf Erden nicht zu helfen war« (SB, S. 508).

Kleist erschoss erst seine todkranke Freundin Henriette Vogel, die bereit war, mit ihm in den Tod zu gehen, bevor er die Waffe gegen sich selbst richtete. Dabei handelte es sich nicht um einen gemeinsamen Liebestod, sondern um den gemeinsamen Selbstmord zweier Leidensgenossen.

Vom tragischen Ende des 34-jährigen Kleist her gesehen, der am 10. Oktober 1777 in Frankfurt an der Oder geboren wurde, liest sich dessen Biographie als eine Aneinanderreihung von widrigen Umständen, Irrtümern und Verfehlungen. Die meisten biographischen Annäherungen an Kleist rücken die Tragik seines Lebens in den Mittelpunkt. Im 200. Todesjahr von Kleist erschienen 2011 eine Reihe von neuen Darstellungen. Schon die Titel, um nur zwei zu nennen, geben die von den Verfassern gewählte Perspektive vor: Adam Soboczynski legte eine biographische Skizze unter dem Titel *Kleist. Vom Glück des Untergangs* vor, die Biographie von Peter Michalzik trägt den Titel *Kleist: Dichter, Krieger, Seelensucher.*

Der früh verwaiste Kleist wurde in ein altes, preußisches Adelsgeschlecht geboren und war dazu bestimmt, eine Militärlaufbahn einzuschlagen. Im Alter von 14 Jahren trat er ins angesehene ›Regiment Garde‹ in Potsdam ein. Bald darauf nahm er am ›Ersten Koalitionskrieg‹ gegen das revolutionäre Frankreich (1793–1795) teil. Kleist fühlte sich jedoch vom Soldatenleben und den damit einhergehenden Zwängen abgestoßen und nahm 1799 seinen Abschied. Sein Drang nach Selbstbestimmung ließ ihn einen Lebensplan entwerfen, nach dem er sein Glück in der Arbeit an sich selbst, in der Bemühung um individuelle Vervollkommnung zu finden hoffte. Nachdem er nach nur drei Semestern ein Universitätsstudium in seiner Heimatstadt, das er ebenfalls als Beengung empfand, wieder aufgegeben hatte, machte er sich mit seiner Lieblingsschwester Ulrike nach Paris auf, wo er sich von den Kehrseiten der modernen Zivilisation abgestoßen fühlte. Beeinflusst von Jean-Jacques Rousseaus (1712–1778) Naturschwärmerei erwog er 1801, sich als Landwirt in der Schweiz niederzulassen. Auch dieser Plan wurde jedoch schnell wieder fallengelassen. Stattdessen vollendete er in der Schweiz sein erstes Drama *Die Familie Schroffenstein* und begann, seinen Ehrgeiz ganz in die Dichtkunst zu legen. Vorläufig scheiterte er jedoch an seinen übergroßen Ansprüchen, denen er selbst nicht zu genügen vermochte. Der Versuch, sich nach seiner Rückkehr in die Heimat zum preußischen Finanzbeamten ausbilden zu lassen (1805/1806 mit den Stationen Berlin und Königsberg), erwies sich wiederum nicht als das Richtige. Eine weitere Zäsur bildete die desaströse Niederlage Preußens in der Doppelschlacht von Jena und Auerstedt am 14. Oktober 1806, die prompt auf die Aufgabe der zuvor zehn Jahre lang gewahrten Neutralität gegenüber Frankreich folgte. Widrige Umstände ließen Kleist Anfang 1807 im inzwischen französisch besetzten Berlin unter Spionageverdacht geraten. Ein halbes Jahr lang blieb er in Frankreich inhaftiert. Danach versuchte er sich in Dresden, unterstützt von guten Freunden, als Herausgeber einer ambitionierten Kulturzeitschrift. Der *Phöbus* (1808/09) wie auch später die in den ersten Monaten ihres

Nicht gesichertes Bildnis Heinrich von Kleists (1777 bis 1811). Kreide- und Kohlezeichnung von Anton Graff (1736 bis 1813), um 1808.

Erscheinens sehr erfolgreichen *Berliner Abendblätter* (1810/11) überstanden aber jeweils – wie viele andere Zeitschriften- und Zeitungsprojekte der Zeit – nicht einmal das erste Jahr. Beide Unternehmungen endeten mit drückenden finanziellen Verlusten.

Angesichts solcher persönlicher Niederlagen und der verhaltenen Resonanz, auf die seine Dramen und Erzählungen stießen, bat Kleist 1811 sogar den preußischen König, erneut in die Armee aufgenommen zu werden, um gegen die französische Besatzungsmacht zu kämpfen. Angesichts der Eroberungspolitik Napoleons entwickelte sich Kleist zu einem fanatischen Patrioten und agitierte in Gedichten, Aufsätzen und seinen Dramen *Die Hermannsschlacht* (1808) und *Prinz Friedrich von Homburg* (1811) für eine deutsche Volkserhebung. Friedrich Wilhelm III. sah jedoch den Zeitpunkt noch nicht gekommen, gegen Frankreich vorzugehen.

Kleist als Dichter

Sein Universitätsstudium hatte Kleist auch deshalb aufgegeben, weil er die Überzeugung gewonnen hatte, dass die Kunst besser als die Wissenschaft in der Lage sei, Wahrheit hervorzubringen. Diese Einsicht entwickelte sich im Zuge der sogenannten Kantkrise, die Kleist im Frühjahr 1801 erlebte. Ihr Kern besteht aus der erkenntniskritischen Annahme, dass jegliche Form wissenschaftlicher Erkenntnis vom Standpunkt des Betrachters abhängt und es daher keine objektive Einsicht in die Dinge geben könne. Diese Schlussfolgerung beruht auf Immanuel Kants (1724–1804) erkenntnistheoretischem Hauptwerk *Kritik der reinen Vernunft* (Auflage A 1781, Auflage B 1787). Viel zitiert wird zur Illustration der ›Kantkrise‹ Kleists Brief an seine Verlobte Wilhelmine von Zenge (1780–1852) vom 22. März 1801. Darin wird das Problem der objektiven Erkenntnis durch ein Gedankenexperiment erläutert: »Wenn alle Menschen statt der Augen grüne Gläser hätten, so würden sie urtheilen müssen, die Gegenstände, welche sie dadurch erblicken, s i n d grün – [...]« (SB, S. 211).

Aber auch die Wahrheit, die die Dichtung vermitteln sollte, war aus Kleists Sicht nur bruchstückhaft. Parallel zur ›Kantkrise‹ beschäftigten Kleist Zweifel an der Fähigkeit der Sprache, dem Medium des Dichters, zu den Dingen vorzudringen: Gern, schrieb er am 5. Februar 1801 an Wilhelmine, »möchte ich Dir Alles mittheilen, wenn es möglich wäre. Aber es ist nicht möglich, und wenn es auch kein weiteres Hinderniß gäbe, als dieses, daß es uns an einem Mittel zur Mittheilung fehlt. Selbst das einzige, das wir besitzen, die Sprache taugt nicht dazu, sie kann die Seele nicht mahlen und was sie uns giebt sind nur zerrissene Bruchstücke.« (SB, S. 204)

Diese Bewusstheit um die Relativität von Erkenntnis und von sprachlichem Ausdruck ging in Kleists Werk ein. Aus diesen beiden Problemstellungen bezieht es seine Modernität.

Doch eben diese Modernität, die Kleists Werk bis heute so interessant macht, stand damals seinem ersehnten Durchbruch als Dichter entgegen. Ein Achtungserfolg war dem jungen Künstler mit dem Trauerspiel *Die Familie Schroffenstein*, das 1802 gedruckt und 1804 in Graz uraufgeführt wurde, beschieden. Durch diesen Erfolg geriet er jedoch in eine Schreibkrise, denn er hatte sich zum Ziel gesetzt, nach dem relativ erfolgreichen Debüt ein noch viel beeindruckenderes Werk, ein Schicksalsstück, zu verfassen. Das Manuskript dieses dramatischen Versuchs mit dem Titel *Robert Guiskard*, das er 1802 begonnen hatte, hat er 1803 verzweifelt ins Feuer geworfen. Der in seiner Zeit erfolgreiche, fast zwei Generationen ältere Christoph Martin Wieland (1733–1813), der einige Zeit als Mentor von Kleist fungierte und diesen vergeblich beschworen hatte, sein Stück zu vollenden, bilanzierte in einem Brief vom 10. April 1804 an den Mainzer Arzt Georg Wedekind (der den gesundheitlich zusammengebrochenen Kleist damals für Monate bei sich aufnahm) betrübt:

> Wenn ich nun alle diese Umstände, seinen auf Selbstgefühl gegründeten, aber von seinem Schicksal gewaltsam niedergedrückten *Stolz*, die *Exzentrizität* der ganzen Laufbahn, worin er sich, seitdem er aus der militärischen Karriere ausgetreten, hin und her bewegt hat, seine fürchterliche *Überspannung*, sein *fruchtloses Streben* nach einem unerreichbaren Zauberbild von Vollkommenheit und seinen bereits zur *fixen Idee* gewordenen *Guiscard*, mit seiner zerrütteten geschwächten Gesundheit und mit den Mißverhältnissen, worin er mit seiner Familie zu stehen scheint, zusammen kombiniere, so erschrecke ich vor den Gedanken, die sich mir aufdrängen […]. (Zitiert nach: *Heinrich von Kleists Lebensspuren.* Neu herausgegeben von Helmut Sembdner. München: Carl Hanser Verlag 1996, S. 114 f.)

Obwohl das Scheitern des *Guiskard* lange nachwirkte, nahm Kleist den Versuch, als Schriftsteller zu leben, ab 1806 wieder auf. Er vollendete die Lustspiele *Der zerbrochne Krug* und *Amphitryon*. Mit diesem konnte er 1807 einige Anerkennung erlangen, während *Der zerbrochne Krug* bei seiner Aufführung in Weimar unter Goethes Regie beim Publikum durchfiel. Dieser Misserfolg traf ihn hart und vergiftete seine Beziehung zu Goethe, den er zugleich verehrte und, um seiner Ausnahmestellung willen, hasste. Bis zu seinem Tod entstanden zwei Bände *Erzählungen* und weitere Dramen (*Penthesilea*, 1807, *Das Käthchen von Heilbronn* und *Die Hermannsschlacht*, beide 1808, sowie *Prinz Friedrich von Homburg*, 1811). Der erste Erzählband enthielt *Das Erdbeben von Chili*, *Michael Kohlhaas* und *Die Marquise von O…* Alle drei Texte zählen heute zu den ›Klassikern‹ der deutschen Erzählkunst – *Michael Kohlhaas* hat Thomas Mann 1954 die »vielleicht stärkste[] Erzählung deutscher Sprache« genannt – und zum engeren Kanon der Schullektüre.

Die Todessehnsucht, die Kleist schon früh geäußert hat und die letztlich im Suizid gipfelte, wurzelte in seinem Gefühl der Isolation, in seiner Reizbarkeit und Kränkbarkeit, seiner fehlenden Bereitschaft, im Leben wie in der Kunst Kompromisse einzugehen, in dem Ideal, dem er nicht zu genügen vermochte. Äußerer Misserfolg und materielle Not waren nur die Konsequenz dieser kompromisslosen Haltung sich selbst und anderen gegenüber. Kleists Zerrissenheit wurde erst von der Nachwelt als wahres Spiegelbild der Zerrissenheit seiner Epoche wahrgenommen, in der die alte Ordnung, das Ancien Régime, zusammenbrach und sich die neue Ordnung, die von Technisierung geprägte Moderne, zu formieren begann. Kleists Zeitgenossen erkannten sich in seiner Zerrissenheit allerdings noch nicht wieder. Sie registrierten sie vor allem mit Befremdung. So blieb ihm in den 34 Jahren seines Lebens eine breitere Anerkennung versagt.

Kleists Frauenbild und das Thema des Vertrauens

Fragt man danach, welche Facetten von Kleists Persönlichkeit Einfluss auf die Themenwahl und die Gestaltung seiner Erzählung *Die Marquise von O…* gehabt haben könnten, so lassen sich sein Frauenbild und seine auffällige Fixierung auf die Problematik von Vertrauen und Misstrauen anführen.

Kleist war zwischen 1800 und 1802 mit Wilhelmine von Zenge verlobt, der ältesten Tochter des Generals Hartmann von Zenge, der 1798 als Garnisonskommandant nach Frankfurt an der Oder versetzt worden war. Kleists Briefe an Wilhelmine befremden, mit den Worten des Kleistforschers Klaus Müller-Salget, durch »eine fast unerträgliche Schulmeisterei, verbunden mit einer doktrinären Aufteilung der Geschlechterrollen« (Müller-Salget, S. 37), wie sie dem breiten Tenor der gesellschaftlichen und pädagogischen Diskurse der Zeit entsprach. Beispielsweise schrieb Kleist am 10. Oktober 1800, an seinem 23. Geburtstag, an Wilhelmine:

> Ich werde Dir die Gattin beschreiben, die mich jetzt glücklich machen kann – – und das ist die große Idee, die ich für Dich im Sinne habe. […] Wenn Du es ahnden könntest, wie der Gedanke, aus Dir einst ein vollkommnes Wesen zu bilden, […] jede Kraft in mir in Leben und Thätigkeit setzt! […] O lege den Gedanken wie einen diamantenen Schild um Deine Brust: ich bin zu einer Mutter gebohren! Jeder andere Gedanke, jeder andere Wunsch fahre zurück von diesem undurchdringlichen Harnisch. Was könnte Dir sonst die Erde für ein Ziel bieten, das nicht verachtungswürdig wäre? Sie hat nichts was Dir einen Werth geben kann, wenn es nicht die Bildung edler Menschen ist. Dahin richte Dein heiligstes Bestreben! Das ist das Einzige, was Dir die Erde einst verdanken kann. Gehe nicht von ihr, wenn sie sich schämen

> müßte, Dich nutzlos durch ein Menschen-Alter getragen zu haben! [...] Dein nächstes Ziel sei, Dich zu einer Mutter, das meinige, mich zu einem Staatsbürger zu bilden, und das fernere Ziel, nach dem wir beide streben, und das wir uns beide wechselseitig sichern können, sei das Glück der Liebe. (SB, S. 146–148)

Diesen Sätzen lassen sich zahlreiche ähnlich lautende Formulierungen in Kleists Briefen an Wilhelmine an die Seite stellen. Kleist vertrat offensichtlich, wenn es um sein eigenes Leben ging, Werte, die in der *Marquise von O...* der Vater und der Bruder der Hauptfigur verteidigen. Kleists Sympathie als Autor gilt dagegen unverkennbar nicht jenen Figuren, dem Kommandanten und dem Forstmeister, sondern der Marquise, die bei allem Respekt vor den Männern ihrer Familie dennoch ihr Schicksal mutig in die eigene Hand nimmt, wie auch der empfindsamen Seite ihres Verehrers, des Grafen F..., der, nachdem er sich *ein* Mal von seinem Begehren hat hinreißen lassen, sein Unrecht fühlt und sich von da an den Wünschen der Frau, an der er sich vergangen hat, fügt. Der Text zeigt sich emanzipatorischer als sein Autor (als Privatperson).

Auffällig ist ferner der beinahe zwanghaft wirkende Zug in Kleists Briefen an Wilhelmine, die Verlobte, die doch der geliebte Mensch ist, herabzusetzen und zu quälen. So heißt es im Brief vom 11. Januar 1801:

> Ja, liebe Wilhelmine, wenn jemals die Erinnerung an Dich in mir immer kälter und kälter werden sollte, so bin ich in meinem heiligsten Innern überzeugt, daß es einzig Deine Schuld sein würde, nie die meinige. Nur dann könnte und müßte ich gleichgültig gegen Dich werden, wenn die Erfahrung mich lehrte, daß der Stein, den ich mit meiner ganzen Seele bearbeitete, den Glanz aus ihm hervorzulo-

Kleists zeitweilige Verlobte Wilhelmine von Zenge (1780 bis 1852). Miniatur von unbekannter Hand.

> cken, kein Edelstein wäre – Ich würde Dich darum nicht verlaßen, – denn warum solltest Du den Irrtum büßen, den ich beging? Aber unglücklich würde ich sein, und Du würdest nicht glücklich sein, weil ich es nicht sein kann; denn das Gemeine kann man nur brauchen, nur das Edlere kann man lieben, und nur die Liebe macht das Leben süß. (SB, S. 185)

Dieser Zug findet sich in unterschiedlichen Spielarten in vielen von Kleists Werken wieder, seien es nun die Dramen *Penthesilea, Das Käthchen von Heilbronn, Die Hermannsschlacht* oder die Erzählungen *Die Verlobung in St. Domingo, Der Zweikampf* oder *Der Findling.* In all diesen Texten wird Liebe auch als Geschlechterkrieg geschildert, als hochambivalentes Verhältnis, in dem Hingabe und Hass nahe beieinanderliegen. Das gilt auch für die *Marquise von O...*, wenn auch in abgemilder-

[...]; und wäre ein Mädchen auch noch so vollkommen, ist sie fertig, so ist es nichts für mich. Ich selbst muß es mir formen und ausbilden, sonst fürchte ich, geht es mir, wie mit dem Mundstück an meiner Clarinette. Die kann man zu Dutzenden auf der Messe kaufen, aber wenn man sie braucht, so ist kein Ton rein. [...] Da schnitt ich mir von einem gesunden Rohre ein Stück ab, formte es nach meinen Lippen, schabte und kratzte mit dem Messer bis es in jeden Einschnitt meines Mundes paßte – – und das gieng herrlich. Ich spielte nach Herzenslust. –

Kleist am 5. September 1800 an Wilhelmine von Zenge (SB, S. 110).

ter Form: Der Graf vergeht sich an der Frau, der er anschließend in zärtlicher Liebe verfällt; die Marquise hält den Grafen, den sie zuerst als Engel idealisiert hat, nach seinem Geständnis für einen verabscheuungswürdigen Teufel. Selbst in dem Verhältnis des Kommandanten zu seiner Tochter kann man in dem harten Kontrast zwischen Schroffheit und Brutalität einerseits und Rührung und hemmungsloser Zärtlichkeit andererseits diesen Hang zur Ausartung der Gefühlsskala und zur Quälerei wiederfinden.

Eng verwandt mit diesem Aspekt ist das in Kleists Leben wie in seinen Werken immer wiederkehrende Thema des Vertrauens und Misstrauens. Wo Vertrauen fehlt und Misstrauen die Oberhand gewinnt, beginnt die gegenseitige Quälerei. Das zeigt sich an zwei Auszügen aus Briefen Kleists an Wilhelmine vom 30. August und 15. September 1801:

> Auf Euch Beide [die Halbschwester Ulrike und Wilhelmine] beruht mein ganzes Vertrauen. So lange ihr beide ruhig und sicher seid, wird es die Welt auch sein. Wenn ihr beide aber mir mistrauet, dann freilich, dann hat die Verläum-

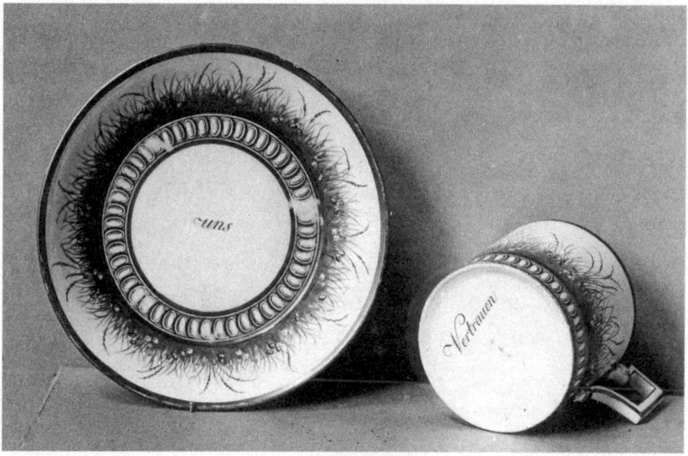

Kleists Verlobungsgeschenk an Wilhelmine: Tasse und Untertasse mit der Inschrift: »Vertrauen auf uns, Einigkeit unter uns!«

> dung freien Spielraum, und mein Ruf wäre dahin. / Was spricht man überhaupt von mir in Frankfurt? – Doch das wirst Du wohl nicht hören. Nun, es sei! Mögen sie sprechen, was sie wollen, mögen sie mich immerhin verkennen! Wenn wir beide uns nur ganz verstehen, so kümmert mich weiter kein Urtheil, keine Meinung. Jedem will ich Mißtrauen verzeihen, nur Dir nicht; denn für Dich that ich Alles, um es Dir zu benehmen. – Verstehst Du die Inschrift der Tasse? Und befolgst Du sie? Dann erfüllst Du meinen innigsten Wunsch. Dann weißt Du, mich zu ehren. (SB, S. 93, 128)

In der *Marquise von O…* kommt es zum Familienzerwürfnis, weil die Eltern ihrer Tochter (und der Bruder seiner Schwester) nicht das Vertrauen entgegenbringen, das sie verdient. Allerdings liegt der Fall so, dass selbst die Marquise ihrem eigenen Gefühl nicht mehr vertrauen zu können glaubt.

2 Zeitgeschichtlicher Hintergrund

Literarische Quellen

Das Motiv der Schwängerung einer ohnmächtigen Frau, das den Angelpunkt der *Marquise von O…* bildet, ist – anders, als man als heutiger Leser zu denken geneigt ist – keineswegs Kleists Erfindung. In Michel de Montaignes (1533–1592) Essay über die Trunksucht (1588) wird eine verwitwete Bauersfrau im Schlaf vergewaltigt, nachdem sie sich dem Genuss von Alkohol zu sehr hingegeben hatte. Als sie bemerkt, dass sie schwanger ist, entschließt sie sich von der Kirchenkanzel herab verkünden zu lassen, dass sich der Schänder melden solle. Sie werde ihm verzeihen und ihn ehelichen. Ein Knecht des Hofes gibt sich als der Vater des Kindes zu erkennen. Die Bäuerin steht zu ihrer Ankündigung. Sie heiratet den Knecht, noch bevor sie von ihrem Kind entbunden wird.

Kleist scheint von Montaigne sowohl den Witwenstatus der Frau zu übernehmen, die auch dort einen untadligen Ruf genießt, als auch die Beteiligung der Öffentlichkeit bei der Suche nach dem Vater des Kindes. Kleist könnte sich aber auch von anderen Gestaltungen des Motivs angeregt haben lassen. So erzählte der Schwank- und Komödiendichter Hans Wilhelm Kirchhof (1525–1605) in seinem Schwank *Einer beschlefft ein magd* (1563) von einem im Schlaf geschwängerten Mädchen; Miguel de Cervantes (1547–1616), der berühmteste Dichter Spaniens und Schöpfer des *Don Quijote*, schildert in einer seiner 1613 erschienenen *Novelas ejemplares (Beispielhaften Novellen)* den Fall der gewaltsam entführten Leocadia, die vor Angst in Ohnmacht fällt und in diesem Zustand geschwängert wird *(De la fuerça de la sangre/Von der Macht des Blutes)*; in einer Erzählung der Madame de Gomez (1684–1770), die seit 1740 auch in einer deutschen Übersetzung vorlag, ereilt eine aufgebahrte Scheintote das gleiche Schicksal *(L' Amant Rival et Confident de Lui Mesme/Der Liebhaber, sein eigener Nebenbuhler und Vertrauter).* In all diesen Versionen des Motivs wird der Täter später identifiziert; alle enden mit der Heirat zwischen ihm und dem Opfer.

Im April 1798 wurde im *Berlinischen Archiv der Zeit und ihres Geschmacks* (Band 4, S. 364–378) eine Erzählung unter dem Titel *Gerettete Unschuld* publiziert. Der Verfasser des Texts blieb unbekannt. In dieser Erzählung wird einem jungen Kaufmann in einem überfüllten Gasthaus zur Übernachtung das Zimmer angewiesen, in dem die schöne, am Tag zuvor gestorbene Tochter des Wirts aufgebahrt liegt. Er vergeht sich an der Toten. Nach seiner Abreise erweist sich, dass das Mädchen nur scheintot gewesen ist. Als sie ein Kind zur Welt bringt, verstößt der Vater die ihre Unschuld beteuernde Tochter. Vier Jahre später kommt der mittlerweile wohlhabende Kaufmann wieder in die Gegend. Er erfährt von dem Schicksal der Wirtstochter und gibt sich als Übeltäter zu erkennen. Die Tochter ist rehabilitiert und wird von der Familie wieder aufgenommen. Auch diese Erzählung endet mit einer Hochzeit. Kleist übernimmt aus ihr das Motiv des komplexen Vater-Tochter-Verhältnisses, das durch die unwissentlich herbeigeführte Schwangerschaft gestört wird.

Für das Vater-Tochter-Motiv ist noch eine weitere Quelle von Bedeutung. Sie hat Kleist vermutlich zu der rührenden Versöhnungsszene angeregt, zu der es kommt, nachdem die Unschuld der Marquise erwiesen und sie in ihr Elternhaus zurückgekehrt ist. Eine ähnlich sinnliche Aussöhnung zwischen Vater und Tochter findet sich in Jean-Jacques Rousseaus Briefroman *Julie ou la Nouvelle Héloïse* (1761; deutsch von Johann Gottfried Gellius erstmals im gleichen Jahr unter dem Titel: *Julie oder Die Neue Heloise*). Kleist verehrte Rousseau und kannte seine Werke genau. 1801 hatte er an seine Verlobte Wilhelmine von Zenge geschrieben, nichts sei geeigneter,

»Dich so schnell auf eine höhere Stufe zu führen, als Deine Neigung für Rousseau«. Im selben Brief kündigte er ihr »das Geschenk von Rousseaus sämmtlichen Werken« an (Brief vom 22. März 1801; SB, S. 211). Zwar hat der Konflikt zwischen Vater und Tochter in Rousseaus Roman andere Gründe: Sie verweigert sich der vom Vater gewünschten standesgemäßen Heirat (aus Liebe zu ihrem Hauslehrer). Der Vater reagiert auf diesen Ungehorsam mit äußerster Heftigkeit: Er züchtigt das Mädchen, das schließlich blutend am Boden liegt. Bald darauf kommt es jedoch zu einer zärtlichen Versöhnungsszene, der die entsprechende Szene in Kleists Erzählung auffallend ähnelt. Allerdings verschärft Kleist das Anstößige der Situation, indem er die Zärtlichkeiten nicht von der Tochter ausgehen, sondern den Vater seine sittsame Tochter gierig auf den Mund küssen lässt. Auch wird bei Rousseau die Versöhnung von der Tochter geschildert, während sie bei Kleist – ein erheblicher erzähltechnischer Unterschied – aus der Perspektive der Mutter beschrieben wird; diese nimmt dadurch eine geradezu voyeuristische Position ein, was den sexuellen Gehalt der ausgetauschten Zärtlichkeiten noch betont.

Nach Tisch kam es uns kalt vor, und meine Mutter ließ in ihrem Zimmer Feuer anmachen. Sie setzte sich an die eine Ecke des Kamins, mein Vater in die andere, und ich war eben Willens, mir einen Stuhl zu holen, um mich in ihre Mitte zu setzen, als er mich bei meinem Kleide faßte, ohne ein Wort zu sagen, mich zu sich hinzog und mich auf seinen Schoß setzte. Alles das geschah so schnell und in einer Art unwillkürlicher Bewegung, daß es einen Augenblick darauf schien, als ob es ihm leid tue. Indessen saß ich einmal auf seinem Schoße, und er konnte nicht zurücktreten, und was für seine Fassung das Schlimmste war, er mußte mich in dieser beschwerlichen Lage umarmt halten. Das alles ging ganz im stillen vor; aber von Zeit zu

Zeit fühlte ich, daß sein Arm mit halb ersticktem Seufzer mich fester an sich drückte. Ich weiß nicht, welches böse Schamgefühl ihn abhielt, sich dieser sanften Umschließung ganz zu überlassen. Ein gewisser Ernst, den man nicht abzulegen, eine gewisse Verwirrung, die man nicht zu überwinden sich getraute, setzten Vater und Tochter in jene reizende Verlegenheit, die Schamhaftigkeit und Liebe den Liebenden gewährt, indes die zärtliche Mutter in freudigem Entzücken im stillen an dem süßen Schauspiele sich weidete. Ich sah, ich fühlte das alles, mein Engel, und vermochte nicht länger der Rührung zu widerstehen, die sich meiner bemächtigte. Ich tat, als glitt ich ab, und schlang, um mich zu halten, einen Arm um meines Vaters Hals, lehnte mein Gesicht an sein ehrwürdiges Antlitz, und im Augenblicke war er mit meinen Küssen bedeckt, mit meinen Tränen benetzt. An den Tränen, die seinen Augen entflossen, fühlte ich, daß auch er von einer großen Beschwerde erleichtert war; meine Mutter trat hinzu und teilte unser Entzücken.

Jean-Jacques Rousseau: Julie oder Die neue Heloise. Briefe zweier Liebenden aus einer kleinen Stadt am Fuße der Alpen. Nach der Übersetzung von Th. Hell. Berlin: Propyläen Verlag [1922], 1. Band, 1. Teil, 63. Brief, S. 241 f. (zitiert nach ED, S. 44).

Mentalitätsgeschichtliche und rechtliche Aspekte

Im Zuge der Aufklärung wurde erstmals darüber debattiert, inwieweit beim Beischlaf das Einverständnis von Frauen von Bedeutung sei. Was heutzutage selbstverständlich ist, dass nämlich niemand eine Frau (oder einen Mann) zum Geschlechtsverkehr nötigen und zwingen dürfe, ist eine Folge der rechtlichen Gleichheit der Geschlechter. Da im 18. Jahrhundert Frauen jedoch als minderwertige Menschen verstanden wurden, war die Frage durchaus zulässig, ob man sich ihrer Körper nicht ohne ihr Einverständnis bemächtigen dürfe. Dass die Frage nach der Strafbarkeit von Vergewaltigung eng an die Frage gebunden ist, für wie gleichberechtigt und gleichwertig man die Frau ansieht, ist auch daran abzulesen, dass in Deutschland erst 1992 Vergewaltigung in der Ehe als Straftatbestand eingeführt wurde. Bis dahin galt der erzwungene Beischlaf im ehelichen Schlafzimmer als legitim, weil dem Mann (unausgesprochen) ein Besitzrecht auf den Körper seiner Frau zugestanden wurde. Die Reaktion der Marquise auf die Tat des Grafen muss vor dem Hintergrund der aufklärerischen Debatte über das Recht der Frau auf sexuelle Selbstbestimmung gelesen und eingeordnet werden.

Überdies erachtete man es in der seinerzeitigen Diskussion als unmöglich, dass eine Frau unwissentlich schwanger werden könne. Die Zeugung eines Kindes setzte nach damaligem Glauben voraus, dass die Frau bei der Zeugung Wollust empfunden haben müsse. Nur wenn die Frau aktiv beteiligt sei, könne es zur Befruchtung der Eizelle kommen, so die in den gerichtsmedizinischen Lehrbüchern der Zeit niedergelegte Lehrmeinung (vgl. Künzel, S. 51).

Entscheidender als die juristischen und medizinischen Fachdebatten, die damals nur wenigen bekannt waren – so wissen wir auch nicht, wie vertraut Kleist mit ihnen war –, sind jedoch die herrschenden Geschlechtervorstellungen, die zum *common sense* gehörten. In der damaligen Gesellschaft, in der der Wert einer Frau vordergründig von der ihr attestierten Tugendhaftigkeit abhing, zerstörte die Schwangerschaft einer unverheirateten beziehungsweise verwitweten Frau deren Ruf und in gewisser Weise ihre Identität. Auch Kleist teilte zweifelsohne die Ansicht, dass die außereheliche Empfängnis eines Kindes eine kaum wiedergutzumachende Verfehlung sei. In der damaligen Geschlechterdebatte, die in schwachen Ausläufern bis heute nachwirkt, konkurrierten abendländische religiöse Mythen über die unheilbringende Wirkung von weiblicher Sexualität mit den neuen, bürger-

Ein Mädchen wird fast niemals in den Stand der Unabhängigkeit kommen. Daher muß es von Jugend auf gewöhnt werden, keine Zusage von irgendeiner Wichtigkeit zu geben, ohne diejenigen, von denen es abhängt, vorher zu fragen.

Der Theologe und Pädagoge Johann Bernhard Basedow (1724–1790) in seinem »Methodenbuch für Väter und Mütter der Familien und Völker« (1770), zitiert nach Dülmen, S. 131.

lichen Rollenerwartungen an Frauen, die sich auf ›naturwissenschaftliche‹ Erkenntnisse über die ›Biologie des Weibes‹ beriefen. Gerade die sich konstituierende bürgerliche Gesellschaft propagierte das Leitbild der tugendhaften Frau, an dem sich auch der niedere Adel orientierte. Es versieht die bürgerliche Frau mit einem Set an Aufgaben im privaten Bereich wie der der Kinderversorgung, Haushaltsführung und Repräsentation. Von der öffentlichen Sphäre ist die Frau weitestgehend ausgeschlossen, als Rechtssubjekt existiert sie nicht; vielmehr steht sie lebenslang unter der Vormundschaft des Vaters, Ehemanns oder anderer männlicher Verwandter.

Eine Frau hatte unschuldig und tugendhaft zu sein. Ihre Sittlichkeit sollte die Lust des Mannes zähmen. Zugleich unterstellte man der als rational unterentwickeltes Wesen geltenden Frau immer eine starke eigene Wollust (insofern sie ja auch von der Verführerin Eva abstammte). Da die Verleugnung von Lust seitens der Frau zur gesellschaftlichen Norm erhoben wurde, der sich Frauen allenthalben zu unterwerfen hatten, lag der Verdacht schnell nahe, dass sich Frauen heimliche Gelegenheiten verschafften, ihre Lust auszuleben. In Kleists Erzählung ist es die Hebamme, die freimütig und derb ausspricht, was alle denken: Eine schwangere Frau, die ihre Unschuld beteuert, muss wohl eine liederliche Frau sein.

Das Weib ist an ihr Haus und an ihr Hauswesen mit Fesseln angebunden, die es nicht zerbrechen darf, und die ihm die Natur selbst so schön und leicht gemacht hat. Hier soll sie ihrem Gatten und Vaterlande gesunde Kinder erziehen helfen, hier den großen Beruf ihres Geschlechts ohne wilde Zerstreuungen erfüllen. Ohne diese ihr von der Natur vorgeschriebene Eingezogenheit und Gemüthsstille, würden ihr die Tage der Schwangerschaft und die Geschäfte der ersten Kindererziehung unerträglich vorkommen, die sie nun so gern, so willig übernimmt, weil sie zu ihrer Geschlechtsbestimmung gehören, und weil ihr Mutterherz dabei lebhaft interessirt ist. Ohne jene Eingezogenheit kann sie durchaus keine gute Mutter, keine gute Gattinn, und, wie so viele traurige Beispiele beweisen, selbst keine gute Gebärerinn seyn.

Der Pädagoge und Anthropologe Karl Friedrich Pockels (1757–1814) im ersten Band seines »Versuch[s] einer Charakteristik des weiblichen Geschlechts« (1797), zitiert nach Dülmen, S. 45 f.

Der Widerspruch in der damals virulenten Weiblichkeitsvorstellung ist, dass Frauen einerseits als sinnliche Wesen – und damit als verdammungswürdig – galten, aber auch als unschuldige, naive und trieblose Wesen im Geschlechtersystem inthronisiert – auf den Sockel gehoben – wurden. Der an einer Ohnmächtigen vollzogene sexuelle Akt, der das geheime (verschwiegene) Zentrum von Kleists Erzählung bildet, macht es möglich, die Frauenfigur in beiden Rollen, nämlich als Heilige und Hure, zugleich zu präsentieren. Sie bewahrt ihre Unschuld und tritt dennoch als verführerisches Sexualobjekt in Erscheinung, wie es auch bei Montaigne und in der anonymen Erzählung im *Berlinischen Archiv der Zeit und ihres Geschmacks* der Fall ist. Kleists Text ist von dieser zwiespältigen Weiblichkeitsvorstellung geprägt, nach der Frauen in der

Erwartung der Männer sowohl erotisch ansprechend als auch unschuldig sein sollen. Mit dieser zwiespältigen Rollenerwartung sind Frauen im Grunde bis heute konfrontiert.

Dass sich Kleist bewusst mit den herrschenden Geschlechtervorstellungen auseinandergesetzt hat, beweist noch ein anderer Beitrag zu eben dieser Geschlechterdebatte um die ambivalente Stellung der Frau als Verführerin und als Unschuldige. Am 3. Januar 1811 veröffentlichte er in den *Berliner Abendblättern* die Anekdote *Sonderbare Geschichte, die sich, zu meiner Zeit, in Italien zutrug*. Darin wird ein Arrangement zur Ehrenrettung einer Frau dargestellt, das auf Täuschung beruht, wie sie die vielerfahrene Hebamme in der *Marquise von O…* als gang und gäbe voraussetzt. Eine schwangere, unverheiratete Römerin, Gesellschafterin der Prinzessin von Neapel, erhält einen fingierten Brief, in dem ein deutscher Graf um ihre Hand anhält. Die Trauung wird wegen einer angeblichen Krankheit des Grafen in aller Stille vollzogen. Der Graf erliegt einem Unfall und wiederum unter Zeugen erhält die vermeintliche Gräfin die Nachricht, dass sie nun Witwe sei. Ihre Schwangerschaft ist bisher noch nicht auffällig geworden. Sie entbindet fern vom Hof und kann nach neun Monaten mit dem neugeborenen Kind zurückkehren, ohne dass auf den Knaben der Makel einer unehelichen Geburt fällt. Der Ehemann ist in dieser Geschichte nur eine Fiktion, die die ›Witwe‹ vor Schande bewahrt. Die Anekdote zeigt, wie man ›sündigen‹ und dennoch seine Ehre behalten kann. Sie zeigt damit, wie das Ideal der Tugendhaftigkeit die Unehrlichkeit fördert.

Zusammenfassend lässt sich sagen, dass Kleist, ausgehend von literarischen Vorbildern, das ›Ohnmacht-Vergewaltigung-Schwangerschaft‹-Motiv eng an den damals herrschenden Geschlechterdiskurs anbindet. Ein unehelich geborenes Kind bringt Schande über die Frau und deren gesamte Familie. Die Fixierung auf ›weibliche Tugend‹ schürt das Misstrauen, dass

Frauen hinter dem Rücken der über sie herrschenden Väter und Ehemänner ihre Sexualität heimlich ausleben könnten. Kleists Erzählung legt solche Rollenwidersprüche offen.

3 Entstehungsgeschichte

Der genaue Entstehungszeitraum der *Marquise von O…* lässt sich nicht rekonstruieren. Es ist anzunehmen, dass Kleist die Erzählung in den Jahren 1806 und 1807 niederschrieb. Nach dem Fiasko mit *Robert Guiskard* hatte Kleist sich kurzzeitlich von der Literatur abgewandt und den Versuch unternommen, sich zum Zivilbeamten ausbilden zu lassen. Ab Anfang 1805 war er unter der Anleitung des Geheimen Oberfinanzrats Karl Freiherr von Stein zum Altenstein für einige Monate im Berliner Finanzdepartement tätig und ging dann im Mai nach Königsberg, um dort seine Ausbildung abzuschließen. Es bestand für ihn die Aussicht, anschließend eine Anstellung in der preußischen Provinz Ansbach zu erhalten. Doch diese Hoffnung zerschlug sich bereits im Dezember 1805, da Preußen Ansbach nach der Schlacht von Austerlitz auf Verlangen von Napoleon an Bayern abtreten musste. Da sich zur selben Zeit Kleists gesundheitliche Beschwerden wieder verstärkten, beantragte er eine Unterbrechung seiner Ausbildung, woraufhin ihm 1806 ein halbjähriger Erholungsurlaub gewährt wurde. Während dieser Erholungszeit wandte er sich mit neuem Eifer der Literatur zu. Möglicherweise entstand *Die Marquise von O…* in diesen Monaten. Gesichert ist jedoch nur, dass Kleist im Dezember 1807 die Erzählung zu seinen »völlig fertigen Manuskripten« zählte (vgl. die Briefe an Ulrike von Kleist und an Christoph Martin Wieland, beide vom 17. Dezember). Von daher ist es auch möglich, dass die Erzählung erst während der französischen Haft von Januar bis Juli 1807 geschrieben oder zumindest beendet wurde; die fertige Er-

Bruno Ganz als Graf F... und Edith Clever als Marquise von O... in Eric Rohmers Kinofilm von 1975/76 nach Kleists Erzählung.

zählung nahm Kleist mit nach Dresden, wo seine beiden wichtigsten Freunde, Otto August Rühle von Lilienstern und Ernst von Pfuel (der eine stieg später zum Chef des Großen Generalstabs der preußischen Armee auf, der andere brachte es bis zum preußischen Kriegsminister und Ministerpräsident), sich zu der Zeit um die Erziehung des Prinzen Bernhard von Sachsen-Weimar-Eisenach kümmerten. In Dresden war im Mai auch die Buchausgabe von Kleists Lustspiel ›nach Molière‹ *Amphitryon* erschienen, das ebenfalls das Themenfeld von Sexualität, Liebe, Täuschung und Enttäuschung auslotet. Von neuem Elan getragen, machte er sich, zusammen mit Adam Müller, an die Herausgabe des Kunstjournals *Phöbus,* das ab Januar 1808 monatlich erscheinen sollte. Das zweite Heft (Februar 1808) enthielt *Die Marquise von O...* Kleist wurde von Adam Müller zur Publikation der Erzählung gedrängt, vermutlich auch, weil es ihnen an anderen veröffentlichungswürdigen Texten mangelte. 1810 bildete die Geschichte zusammen mit *Michael Kohlhaas* und dem *Erdbeben von Chili* den ersten Band von Kleists *Erzählungen*. Für die Buchausgabe im Verlag von Andreas Reimer (Berlin) hat Kleist gegenüber der *Phöbus*-Fassung einige Änderungen vorgenommen; so fügte er Anspielungen auf die Jungfrau Maria an (vgl. S. 52–55 dieses Bands).

Festzuhalten ist, dass *Die Marquise von O...* in einer militärisch und politisch unruhigen Zeit entstand. Preußen geriet Ende 1806, nachdem es sich zehn Jahre lang aus den europäischen Konflikten herausgehalten hatte, unter französische Dominanz, Kleist selbst wurde kurz darauf als vermeintlicher preußischer Spion verhaftet und monatelang interniert. Wie kriegerische Zustände und politische Umwälzungen in das Privatleben eingreifen können, ohne dass der oder die Einzelne sich dagegen aufzulehnen vermag, wird im Hintergrundgeschehen der Erzählung deutlich. Deren Kernhandlung – die Schuld, die der Graf auf sich lädt, und das daraus entstehende Leid und Gefühlschaos – mag im Übrigen auch durch Kleists Wiederbegegnung mit Wilhelmine, von der er sich Anfang 1802 von der Schweiz aus auf recht brutale Art getrennt hatte, in Königsberg im Winter 1805 auf 1806 angeregt worden sein: Anfang 1804 hatte Wilhelmine den Frankfurter Philosophieprofessor Traugott Krug geheiratet, der ab dem Wintersemester 1805/1806 als Nachfolger des verstorbenen Immanuel Kant in Königsberg lehrte. Kleist verkehrte bald im Haus des Ehepaars, das seit März 1805 einen Sohn hatte. Traugott Krug hat in seiner Autobiographie angedeutet, dass diese Begegnungen nicht ganz ungezwungen verlaufen seien, auch wenn man sich »von beiden Seiten« Mühe gegeben habe, »frühere Lebensverhältnisse zu vergessen« (zitiert nach *Lebensspuren*, Nr. 146).

II Inhaltsangabe

Die Marquise von O... ist die Tochter des Kommandanten der Zitadelle von M..., einer bedeutenden Stadt Oberitaliens. Sie ist seit etwa drei Jahren, seit ihr geliebter Gatte während einer Geschäftsreise verstorben ist, Witwe. Seither lebt sie wieder im Haus ihrer Eltern. Sie hat zwei Kinder und widmet sich ganz ihrer mütterlichen Aufgabe, diese mustergültig zu erziehen.

Die Erzählung beginnt mit der Mitteilung, dass die Marquise in Zeitungen bekannt machen lässt, sie sei ohne ihr Wissen in andere Umstände gekommen und bitte den Vater des Kindes, sich zu melden, da sie entschlossen sei, ihn »aus Familienrücksichten« (S. 5) zu heiraten. Dieser ebenso seltsame wie selbstbewusste Schritt der jungen Dame, merkt der auktoriale Erzähler an, werde gewiss für Spott sorgen.

Diese skandalträchtige Zeitungsannonce teilt die Handlung der Erzählung in zwei Abschnitte. Der erste, etwas längere, stellt dar, was vor der öffentlichen Mitteilung der Schwangerschaft geschieht, der zweite zeigt, was darauf folgt.

Handlungsabschnitt 1 (vor der Zeitungsannonce)

Der erste Handlungsabschnitt beginnt mit dem Überfall russischer Truppen auf das vom Vater der Marquise kommandierte Fort. Der Kommandant hatte kurz erwogen, die Seinen auf Landgüter der Familie zu evakuieren. Aber ein entsprechender Entschluss war nicht rechtzeitig gefasst worden. Als die Russen vor der Festung stehen, erklärt der Obrist, dass er während der Kampfhandlungen keine Rücksicht auf seine Angehörigen nehmen könne. Ungeachtet solcher Entschlossenheit zum Widerstand wird die Festung von den Russen schnell eingenommen. Das Kommandantenhaus wird in Brand geschossen. Als die Marquise mit ihren Kindern aus dem schon brennenden Haus flieht, gerät sie in die Hände feindlicher Scharfschützen. Die Männer zerren die junge Frau mit sich fort in den hinteren Schlosshof, um sie dort zu vergewaltigen. Die Marquise schreit unter den Misshandlungen so laut nach Hilfe, dass ein Offizier der russischen Truppen alarmiert wird. Er befreit die junge Frau, auf die er wie »ein Engel des Himmels« (S. 6) wirkt, mit Gewalt aus den Fängen der Rotte. Dann führt er die noch ganz benommene Dame in einen noch nicht in Flammen stehenden Flügel des Hauses. Dort sinkt sie ohnmächtig zu Boden. An diesem Punkt unterbricht sich der Erzähler. Nur ein Gedankenstrich deutet darauf hin, dass etwas Unsagbares vorgeht, was der Leser oder die Leserin zu diesem Zeitpunkt jedoch nur erahnen kann.

Bald eilen Frauen aus der Dienerschaft des Hauses herbei. Der Offizier lässt einen Arzt rufen. Vor dem Haus trifft er auf den Kommandanten und fordert ihn auf, sich zu ergeben. Der Vater der Marquise übergibt ihm seinen Degen. Der Offizier verzichtet darauf, den Kommandanten in Haft nehmen zu lassen, sorgt für die schnelle Beendigung der Kampfhandlungen, lässt die Feuer löschen und packt dabei selbst mit an.

Erst jetzt hört der erschrockene Vater, was seinem Kind widerfahren ist. Die Marquise hat sich von ihrem »Unfall« (S. 8) bereits einigermaßen erholt und wünscht ihren Retter zu sprechen. Dazu kommt es jedoch nicht, denn obwohl dieser, ein Graf F..., ebenfalls den Wunsch hegt, bei der Marquise vorstellig zu werden, um sich nach ihrem Befinden zu erkundigen, wird er durch seine Pflichten von einem Besuch abgehalten. Als am darauffolgenden Tag der russische Oberkommandierende das eroberte Fort besucht, streicht der Vater der Marquise das edelmütige Verhalten des Grafen F... heraus und berichtet in diesem Zusammenhang von der versuchten Vergewaltigung seiner Tochter. Der General reagiert bestürzt. Er lässt den Offizier rufen. Dieser soll die Übeltäter nennen.

Der Graf reagiert verlegen und verwirrt. Er gibt an, er habe die Täter nicht erkennen können. Das wird von dem General als ziemlich unwahrscheinlich angesehen, aber nicht weiter verfolgt, denn durch den Hinweis einer anderen Person werden die fünf Scharfschützen rasch ermittelt. Der General macht mit ihnen kurzen Prozess und lässt sie erschießen.

Die Familie des Kommandanten, insbesondere die Marquise, hofft weiterhin, den Grafen bald sprechen zu können, um ihm für die Rettung zu danken. Da erfahren sie, dass dieser noch am Tag seines rasch erfolgten Aufbruchs aus dem Fort bei einem weiteren Gefecht tödlich verwundet worden sei. Seine letzten Worte, als ihn das feindliche Geschoss traf, seien gewesen: »Julietta! Diese Kugel rächt dich!« (S. 10)

Die untröstliche Marquise, die selbst Julietta heißt, wundert sich über den sonderbaren Zufall, dass einer Namensschwester die letzten Gedanken des Grafen gegolten haben. Vergebens versucht sie, die andere Julietta ermitteln zu lassen, um sie vom Tod des Grafen zu benachrichtigen. Da das Kommandantenhaus nun von den Russen in Beschlag genommen ist, bezieht die Familie ein Haus in der Stadt.

Einige Monate gehen ins Land. Der starke Eindruck, den ihr Retter auf die Marquise gemacht hat, beginnt zu verblassen und die junge Frau fängt an, den Vorfall zu vergessen.

Die Kommandantenfamilie versucht, ihr bisheriges Leben wiederaufzunehmen. Die Marquise widmet sich wie ehedem ihren häuslichen und erzieherischen Pflichten. Nur wird ihr neuerdings oft übel und schwindlig. Sie fühlt sich, als ob sie schwanger wäre, auch wenn sie weiß, dass das nicht sein kann. Beunruhigt vertraut sie sich ihrer Mutter an, die eine solche Vermutung jedoch als ›Spinnerei‹ abtut. Die junge Frau nimmt diesen leichten Ton auf und beide scherzen über die vermeintliche Schwangerschaft. Bald verflüchtigen sich auch die Beschwerden und die Sache wird vergessen.

Wenig später ereignet sich wieder Unerwartetes: Der totgeglaubte Graf taucht im Hause auf, erkundigt sich aufgeregt nach dem Befinden der Marquise und bittet sie um ihre Hand. Die Familie reagiert irritiert auf die plötzliche Liebeswerbung des Grafen. Der Vater bittet sich einige Bedenkzeit aus. Seine Tochter habe eigentlich nach Ableben ihres Gatten eine zweite Verheiratung für sich ausgeschlossen; es sei jedoch möglich, dass sie aufgrund des besonderen Bandes zwischen ihr und ihrem Retter diesen Entschluss noch einmal überdenken würde. Die Mutter der Marquise ist über die Werbung des Grafen erfreut, hat sie sich doch seit Langem eine weitere Eheschließung für ihre Tochter gewünscht. Zu einem übereilten Entschluss sind jedoch weder der Familienvorstand noch die Marquise selbst bereit. Als der Graf trotz dieser hinhaltenden Auskunft auf eine schnelle Entscheidung drängt, verlangt der Kommandant, dass er erst seine Mission – er ist mit Depeschen nach Neapel unterwegs – zu Ende führen solle. Anschließend könne er zurückkehren, um seinen Antrag erneut vorzubringen. Der Graf scheint wegen dieser Verzögerung verzweifelt zu sein; die Familie ist von seinem ungeduldigen Betragen befremdet. Der Graf beschließt, seine Dienstreise abzubrechen, um vor Ort bleiben zu können. Der Kommandant weist darauf hin, dass eine solche Dienstverweigerung schwerwiegende Folgen haben könne, nimmt den Grafen aber wohl oder übel als Gast in seinem Hause auf. Dieser zieht sich zurück, um seine Anordnungen zu treffen.

Wieder unter sich, versucht die Familie, den seltsamen Auftritt zu ergründen. Bruder und Vater der Marquise sind überzeugt, dass dem Grafen Festungshaft und Kassation (unehrenhafte Entlassung aus dem Dienst) drohen. Die Mutter bittet ihren Sohn, dem Grafen nachzugehen und zu versuchen, ihn umzustimmen. Der Forstmeister erklärt das jedoch für aussichtslos und seine Schwester, die Marquise, pflichtet ihm bei. Tatsächlich fertigt der Graf bereits die entsprechenden Anweisungen aus, mit denen er seinen Adjutanten statt seiner nach Neapel schickt. Dann lässt er sich von dem brüskierten Hausherrn seine Zimmer zeigen, wo er sich umkleidet. Anschließend verlässt er das Haus und kehrt erst abends zurück.

Unruhig und ratlos wartet die Familie auf die Rückkehr des Grafen. Es zeigen sich kleine Spannungen: Die Marquise erlaubt sich, ihren Vater dafür zu kritisieren, dass es ihm nicht gelungen ist, den Grafen zur Erfüllung seines dienstlichen Auftrags zu bewegen. – Beim gemeinsamen Abendessen weicht der Graf jeder weiteren Diskussion über sein Verhalten aus. Stattdessen erzählt er von Fieberträumen, die ihn heimsuchten, während er mit der schweren Verwundung darniederlag. Immer wieder sei ihm ein Schwan erschienen, den er als Kind mit Schmutz beworfen habe. Thinka sei der Name des Schwans gewesen, der nach der Bewerfung mit Kot immer wieder rein aus dem Wasser aufgetaucht sei. Die Erzählung trifft auf Unverständnis.

Nach dem Essen sucht der Graf bald seine Zimmer auf. Die Familie setzt ihre Beratungen fort, an denen sich allerdings der Kommandant, der missmutig am Fenster steht, nicht beteiligt. Die Marquise erklärt auf die Vorstellungen ihrer Mutter hin: Wenn sich der Graf doch noch auf die unüberlegt abgesagte Reise begebe, sie inzwischen einige Erkundigungen über ihn einholen könne und diese positiv ausfielen, werde sie, obwohl ihre Zukunftspläne eigentlich andere gewesen seien, seinen Antrag nicht abschlagen.

Tatsächlich gelingt es noch am selben Abend mit diesem (bedingten) Heiratsversprechen, den Grafen zur Fortsetzung seiner Dienstreise zu bewegen. Auch der Kommandant zeigt sich nun versöhnt. Der Graf kündigt an, in vier bis sechs Wochen wieder zurück zu sein, und bedauert nur, dass er die Marquise nun doch nicht gleich habe heiraten können. Dieses

Beharren auf der so unziemlichen Hast bringt alle Mitglieder der Kommandantenfamilie erneut etwas aus der Fassung. Dennoch verabschiedet man sich in gutem Einvernehmen.

Während der Abwesenheit des Grafen überstürzen sich die Ereignisse im Haus des Kommandanten. Zwar liefern die Erkundigungen, die die Familie über den Grafen einholt, ein ungetrübt positives Bild, doch seitens der Marquise treten Komplikationen auf. Ihr körperliches Unbehagen kehrt zurück. Auch beginnt sich ihre Figur zu verändern. Wiederum vertraut sie sich der Mutter an. Man zieht einen Arzt hinzu, dessen Diagnose eindeutig ausfällt. Die Marquise ist von der Mitteilung des Arztes, dass sie ein Kind erwarte, erschüttert. Im ersten Affekt beschuldigt sie den Arzt, ein nichtswürdiger Lügner zu sein. Der in seiner Ehre gekränkte Mann versichert, seine Diagnose jederzeit gerichtlich beeiden zu können, und geht verärgert ab. Die Mutter vertraut den Schwüren ihrer Tochter, nicht wissentlich geschwängert worden zu sein. Doch die Marquise ist an sich selbst irre geworden. Ihr Körpergefühl urteilt anders als ihr Verstand. Sie verlangt nach einer Hebamme, um ihren Zustand erneut prüfen zu lassen. Diesen Wunsch findet die Obristin nun doch befremdlich. Sie bittet ihre Tochter um Aufrichtigkeit und darum, nicht einen Fehltritt vor der eigenen Mutter durch Lügenmärchen bemänteln zu wollen. Doch auch jetzt noch kann die Marquise ihre Mutter von ihrer Unschuld überzeugen. Die Hebamme kommt jedoch zu der gleichen Diagnose wie der Arzt. Mit derbem Gleichmut gibt sie zu verstehen, ein solcher Zustand sei bei jungen Witwen nicht so außergewöhnlich, und bietet sogleich ihre verschwiegene Hilfe an. Die Marquise fällt aus Schock über diese Unterstellung eines unsittlichen Lebenswandels in Ohnmacht; nachdem sie wieder erwacht ist, wird sie von der Mutter bestürmt, ihr den Namen des Vaters zu nennen. Als die Marquise darauf nur zu erwidern weiß, sie fürchte wahnsinnig zu werden, verflucht die Mutter ihr eigenes Kind und verlässt den Raum. Die Marquise sucht Trost bei der Hebamme und fragt mit gebrochener Stimme, ob es denn für eine Frau theoretisch möglich sei, unwissentlich ein Kind zu empfangen. Die Hebamme antwortet ironisch, dass dies auf Erden nur der heiligen Jungfrau zugestoßen sei.

Schriftlich wird der Marquise nun von ihren Eltern mitgeteilt, dass sie das Haus zu verlassen habe. Vergeblich versucht sie, mit ihnen zu reden. Der Kommandant flieht vor ihr wie vor dem Teufel. Dabei fällt, eher unabsichtlich, sogar ein Schuss. Dieser wirkt wie ein Fanal. Die Marquise erkennt ernüchtert, dass sie von ihren Angehörigen nichts zu erwarten hat. Sie begibt sich auf ihren Landsitz, und zwar, gegen den Befehl ihres Vaters, nicht ohne ihre Kinder. Dort erwägt sie, was zu tun ist. Sie nimmt das werdende Leben in sich an.

An diesem Punkt wird der Auftakt der Erzählung mit der bisher erzählten Handlung zusammengeführt. Die Marquise gibt die eingangs beschriebene Annonce auf, in der sie den unbekannten Vater ihres Kindes bittet, am angegebenen Tag im Haus ihres Vaters vorstellig zu werden. Selbstbewusst tritt sie als werdende Mutter der Welt entgegen.

Handlungsabschnitt 2 (nach der Zeitungsannonce)

Als der Graf nach seiner Rückkehr aus Neapel seinen Heiratsantrag erneuern will, wird ihm mitgeteilt, welche Schande die Marquise über das Haus gebracht habe. Der Graf ist bestürzt; er ruft, alles Unglück wäre vermieden worden, wenn man seinem Wunsch gleich entsprochen hätte. Der Forstmeister reagiert mit Unverständnis auf diese Erklärung. Er hält den Grafen für liebesblind. Der Graf jedoch bekennt sich unbeirrt zur Marquise, von deren Unschuld er vollkommen überzeugt sei. Umgehend reitet er zu ihrem Landgut hinaus, um seinen Antrag vor ihr zu wiederholen.

Diese zeigt sich über sein Eindringen in ihren Garten – am Tor ist er abgewiesen worden – überrascht, verhält sich aber zunächst nicht abweisend. Erst als sie erfährt, dass er über alles im Bilde ist, schickt sie ihn in heftiger Erregung fort. Als er am Abend im Gasthaus den Bruder der Marquise trifft, befragt dieser ihn über den Ausgang seiner erneuten Werbung. Der Graf antwortet ihm, dass er abgewiesen wurde, sich aber nun schriftlich an die Marquise zu wenden gedenke. Da gibt ihm der Forstmeister die Zeitung in die Hand, die die Annonce der Marquise enthält. Der Graf liest diese und erklärt danach ruhig, dass er nun wisse, was er zu tun habe.

Die Mutter der Marquise plagen inzwischen ernstliche Zweifel, ob sie ihrer Tochter nicht Unrecht getan habe. Doch ihr Mann will davon nichts wissen. Als aber in einer der Zeitungen eine Antwort auf die Annonce der Marquise erscheint, in der es heißt, sie möge sich am Dritten um 11 Uhr im Hause ihres Vaters einfinden, wo ihr derjenige, den sie suche, zu Füßen fallen werde, sucht die Obristin erneut das Gespräch mit ihrem Mann. Dieser jedoch gibt sich überzeugt, dass es sich um ein Komplott handle, mit dem das lasterhafte Paar sich die Verzeihung der Eltern erschleichen wolle (indem beide Liebende bloß so tun, als habe die Marquise von der Zeugung nichts mitbekommen und der werdende Vater sei ihr ein Unbekannter). Als aber die Marquise ihren Vater kurz darauf brieflich bittet, den Unbekannten am betreffenden Tag zu ihr zu schicken, weil sie ihr Vaterhaus ja nicht betreten dürfe, kann die Zeitungsannonce eigentlich nicht mehr als Intrige ausgelegt werden.

Zum Verzeihen zeigt der Vater sich allerdings noch nicht bereit: Er zerreißt den Brief der Tochter und schickt ihn unbeantwortet zurück. Anders die Mutter: durch eine List will sie die Wahrhaftigkeit ihrer Tochter auf die Probe stellen. Gegen das ausdrückliche Verbot ihres Mannes, der von einem solchen Plan gar nichts hält, fährt sie zu ihrer Tochter, die sie gerührt und ehrerbietig empfängt, und behauptet ihr gegenüber, der Vater des unwissentlich empfangenen Kindes habe sich bereits bei ihnen gemeldet. Auf die dringlichen Fragen der Marquise hin gibt sie an, es handle sich um einen Bediensteten des Hauses, den Jäger Leopardo. Die Marquise reagiert verstört. Dann erinnert sie sich, einst in der Mittagshitze eingeschlafen zu sein und bei ihrem Erwachen den Jäger von ihr weggehen gesehen zu haben. Sie glaubt ihrer Mutter. Diese jedoch erkennt an der Reaktion ihrer Tochter, dass sie tatsächlich unschuldig und ahnungslos ist, schließt ihr voreilig verurteiltes Kind in die Arme und bittet um Vergebung. Sie gelobt ihrer Tochter, ihr von nun an bedingungslos beizustehen, und nimmt sie am Folgetag, als sie sich von der Erregung einigermaßen erholt hat, wieder mit in das Elternhaus. Dort gelingt es ihr, ihren Mann von der Unschuld der Tochter zu überzeugen. Dieser verliert völlig die Fassung, als er seine Tochter aufsucht und ihr Abbitte leistet, worauf die Mutter gegen den Widerstand der Marquise bestanden hat. Als die Mutter die beiden allein lässt, lässt der Vater seiner Zärtlichkeit gegenüber der zurückerhaltenen Tochter freien Lauf. Die Mutter, hinzukommend, registriert es mit Genugtuung.

Am Tag nach der Versöhnung erwartet die Familie den Unbekannten. Der Kommandant und der Forstmeister halten sich dabei auf Vorschlag der Mutter zunächst im Hintergrund. Die Marquise zeigt sich gewillt, den Unbekannten im Interesse des ungeborenen Kindes ohne Ansehen von Person und Stand zu ehelichen, sofern er »nur nicht ruchlos wäre« (S. 48).

Es erscheint – Leopardo, aber nur, um das Erscheinen des Grafen F… zu melden. Der Obristin fällt es wie Schuppen von den Augen. Sie begreift stellvertretend für die anderen Figuren, was dem Leser längst klar war. Doch die Marquise, anstatt Freude darüber zu zeigen, dass sie einen Mann von hohem Stand bekommt, der ihr bislang sogar sympathisch war, wirkt niedergeschmettert. Sie weigert sich vehement, gegenüber diesem Bewerber ihr Versprechen einzulösen. Mit irren Blicken betrachtet sie bald den Grafen, bald ihre Mutter, um dann, nachdem sie ihre Angehörigen mit Weihwasser bespritzt hat, fluchtartig den Raum zu verlassen. Erst nachdem sie einen vom Kommandanten aufgesetzten Ehevertrag vorgelegt bekommt, in dem der Graf auf seine ehelichen Rechte (vor allem den Anspruch auf sexuellen Verkehr) verzichtet, willigt sie schließlich in die Heirat ein.

Bald nach der Trauung, die sie anteilnahmslos über sich ergehen lässt und nach der sich der Graf, der in der Stadt eine eigene Wohnung nimmt, ihre Wünsche respektierend von ihr fernhält, wird die Marquise, die jetzt Gräfin ist, von einem Jungen entbunden. Der Graf nimmt daraufhin eine Schenkung an den Sohn von 20 000 Rubel vor und bestimmt in seinem Testament seine Gemahlin zur Alleinerbin. In der Folge wird der Graf, auf Einladung der Obristin, mehr und mehr in den Familienkreis einbezogen. Er verhält sich seiner Frau gegenüber tadellos und wirbt weiter um sie. Nach Ablauf eines Jahres, in dem der Graf sich in den Augen der Gräfin bewährt hat, wird ein zweites Hochzeitsfest gefeiert und die Gräfin gibt nun ein Jawort, dem auch ihr Herz zustimmt. Von da an leben die beiden als wirkliches Ehepaar miteinander. Noch zahlreiche weitere Kinder folgen dem ersten. Als nach Jahren einmal der Graf die Frage an seine Frau wagt, warum sie ihn seinerzeit zuerst so heftig abgewiesen habe, antwortet sie, dass er ihr damals deshalb wie ein Teufel vorgekommen sei, weil er ihr bei ihrer ersten Begegnung so engelhaft erschienen sei.

III Analyse und Deutung

1 Form

Gattung

Kleist hat seinem Verleger als Titel für die Buchausgabe seiner Erzählungen *Michael Kohlhaas, Die Marquise von O…* und *Das Erdbeben in Chili* die Bezeichnung »Moralische Erzählungen« vorgeschlagen. Den Begriff »Novelle« hat Kleist in Bezug auf *Die Marquise von O…* niemals verwendet. Dennoch wurde und wird die Erzählung oft als Novelle bezeichnet.

Diese Gattungszuschreibung hat zweifellos nicht allein mit der Goethe'schen Definition der Novelle als »unerhörte Begebenheit« (*Gespräche mit Eckermann,* 29. Januar 1827, *Münchner Ausgabe,* Band 19, S. 203) zu tun, sondern auch mit anderen Gattungsmerkmalen, denen der Text entspricht. So wird in einer Novelle nicht wie im Roman eine umfassende Handlung mit all deren Hintergründen und allen dazugehörigen Figuren beleuchtet, sondern nur von einer recht kurzen Episode im Leben einer oder eines Einzelnen berichtet. Vorgeschichte und Ausblick in die Zukunft sind reduziert. Diesem Muster entspricht Kleists Erzählung ebenso wie der Definition einer Novelle als zusammengedrängtes Geschehen von hohem symbolischen Wert. Insofern ist die Zuordnung der *Marquise von O…* – wie auch der anderen Erzählungen Kleists – zum Bestand der deutschen Novellentradition durchaus berechtigt, auch wenn Kleist selbst auf diese Etikettierung verzichtete.

Interessant ist es jedoch, Kleists eigenem Vorschlag einer näheren Gattungsbestimmung seiner Erzählungen nachzugehen. In der Aufklärung verstand man unter »moralischen Erzählungen« didaktisch konzipierte Texte, die moralische Grundsätze veranschaulichen. Doch von dieser Definition hebt sich Kleists Text ab. Er bietet keine leicht verständliche, didaktisch einwandfreie Moral. Der Begriff der moralischen Erzählung ist bei Kleist viel weiter gefasst als bei den Verfechtern einer Volksaufklärung, die von der Vorstellung unantastbarer moralischer Grundsätze ausgingen, welche man im Medium der Literatur nur unterhaltsam darstellen müsse, um erzieherisch erfolgreich zu sein. Dass Kleist eine flache, einfach zugängliche Moral zurückweist, hat mit der Entwicklung der Aufklärung insgesamt zu tun. Das Projekt der Aufklärung befand sich Ende des 18. Jahrhunderts bereits in einer tiefen Krise, von der auch Kleist geprägt war. Die frühaufklärerische Ansicht, dass der Mensch und das Wesen der Welt von Natur aus gut und durch die richtige Erziehung nur zu optimieren seien, fand keinen Glauben mehr. Das hatte auch Konsequenzen für den Begriff der moralischen Erzählung. Wenn der Sinn des Weltlaufs und die menschliche Moral nicht, wie ehemals gedacht, an sich gegeben sind, kann eine moralische Erzählung auch nicht auf diesen Sinn, das Gute, gerichtet sein. Moral ist nichts Gegebenes, sondern Kriterien für moralisches Handeln müssen immer wieder neu, anhand neuer, oft verstörender Ausgangsbedingungen ermittelt und auch erfüllt werden.

Zwar kann Kleists Marquise ein moralischer Charakter zugesprochen werden, insofern ihre selbstbewusste Entscheidung für das ungeborene Kind ihre innere Stärke bezeugt. Diese innere Stärke erwächst ihr aus der Gewissheit, dass sie selbst nicht unsittlich gehandelt hat und dass ihr ungeborenes Kind ein unschuldiges Wesen ist. Um diese Werte zu verteidigen, ist sie bereit, sich dem abfälligen Urteil der Welt und der allgemeinen Ächtung auszusetzen. In Kleists Erzählung geht es demnach um die Zurückweisung oberflächlicher Moral; sie ließe sich, ironisierend, auch als ›anti-moralische Erzählung‹ titulieren. Am Beispiel der Eltern wird die gängige Moral als unzureichend vorgeführt.

Familienszene im Haus des Kommandanten: Peter Lühr, Edith Clever und Edda Seippel in Eric Rohmers Filmerzählung.

Gliederung

Die Ereignisse werden durch den Erzähler in chronologischer Folge mitgeteilt. Vor dieser chronologischen Darstellung steht die sonderbare Zeitungsannonce, die als eine Art Auftakt der Erzählung zu verstehen ist, dem ein kurzer Rückblick auf die letzten drei Lebensjahre der Marquise folgt. Danach beginnt die chronologische Darstellung mit dem Sturmangriff der Russen auf die Zitadelle. Die Vergewaltigung der ohnmächtigen Marquise durch den Grafen, der eben noch ihr Retter gewesen ist, wird nur durch einen Gedankenstrich angedeutet. Es folgen die Kapitulation vor den Russen, die Besetzung der Platzes durch den siegreichen Feind, die Ermittlung und Exekution der fünf Soldaten, die die Marquise vergewaltigen wollten, der Abzug der Russen und die Nachricht vom Tod des Grafen (vgl. S. 7–10).

Dieser handlungsintensive erste Abschnitt berichtet von Geschehnissen, die über die Kommandantenfamilie hereinbrachen. Nun wechselt die Handlungsebene in den inneren Kreis der Familie. Der Spannungsbogen geht also von außen nach innen, denn der Konflikt, der aus der unerhörten Begebenheit der Schwangerschaft der Marquise erwächst, wird im Kreis der Familie ausgetragen. Zwar teilt der Erzähler mit, dass nach den dramatischen äußeren Wendungen, die die Familie sogar zwangen, das Kommandantenhaus zu räumen, »die alte Ordnung« ins Familienleben zurückkehrt (S. 11), doch das erweist sich – zumindest auf einer tieferen Ebene – schnell als Trugschluss. Die »alte Ordnung« wird vielmehr durch das Unwohlsein der Marquise gestört, das anfänglich noch niemand als eine Schwangerschaft erkennt. Noch nachhaltiger erschüttert dann das plötzliche Auftauchen des Grafen und sein gegen alle Schicklichkeit dringlich vorgebrachter Heiratsantrag den Familienfrieden. Der Familienvorstand und die Marquise werden zu einer Entscheidung gedrängt. Der Bitte um eilige Vermählung wird nicht stattgegeben, doch diese Zurückhaltung zeitigt weitere dramatische Folgen. Die Traumschilderung des Grafen, die allegorischen Charakter hat (die seinem Schuldgefühl bildhaften Ausdruck verleiht), wirkt wie ein retardierendes Moment.

Nachdem sich der Graf auf Drängen der Familie doch auf seine Dienstreise nach Neapel begeben hat, wird die Schwangerschaft der Marquise diagnostiziert. Darauf folgt ihre brutale Ausweisung aus dem Elternhaus. Die schwangere Marquise, die sich unschuldig fühlt, verlässt mit den Kindern das Haus ihres Vaters und begibt sich in die Einsamkeit ihres Landsitzes. Dieser an Konflikten reiche Erzählabschnitt gipfelt in dem Erzählerkommentar, die Marquise sei »[d]urch diese schöne Anstrengung mit sich selbst bekannt« worden (S. 32). Er endet also mit einer Art Selbstfindung der Marquise, die ihr den Mut verleiht, die Anzeige im Zeitungsblatt zu schalten, mit der die Erzählung ihren Auftakt nahm.

Die erneute Erwähnung der Anzeige fungiert als eine Art Spiegelachse. Die Erzählung weist damit eine zweigliedrige Struktur auf, wobei jedoch der erste Abschnitt etwas umfangreicher ist und etwa drei Fünftel des Gesamttexts ausmacht.

Der folgende Erzählabschnitt, der bis zur Aufklärung des Geheimnisses, wie es zur Schwangerschaft der Marquise gekommen ist, reicht, ist wieder weitgehend chronologisch aufgebaut. Die äußeren Ereignisse treten hier zugunsten der Darstellung innerer Prozesse zurück. Der zurückgekehrte Graf, der erfährt, dass seine Braut von ihrer Familie in Schande davongejagt wurde, und erleben muss, dass sie ihn von sich wegstößt, erkennt, dass er der Marquise die Wahrheit über die Ursache der Schwangerschaft gestehen muss. Ihre Anzeige bietet ihm die Möglichkeit, sich zu seiner Tat zu bekennen. Die Mutter, die Bedenken plagen, ob sie ihrer Tochter mit der Vertreibung aus dem Vaterhaus nicht doch Unrecht getan habe, überzeugt sich mittels einer List von deren Unschuld und bittet sie für den Mangel an mütterlichem Vertrauen um Verzeihung. Der Vater bittet ebenfalls um Vergebung für sein vorschnelles Urteil. Alle Handlungsträger sind innerlich sehr aufgewühlt. Dieser allgemeine Spannungs- und Erregungszustand kulminiert in der übersteigerten Reaktion der Marquise auf die Entdeckung, dass sich der Graf an ihr vergangen hat, den sie als Retter idealisiert hatte.

Zwar kommt es doch zur Eheschließung; aber erst ein Jahr später, nachdem die Marquise (nun: die Gräfin) ihren Frieden mit den Umständen gemacht hat, leben die beiden Protagonisten der Geschichte wie ein wirkliches Ehepaar zusammen. Da die Marquise von einem gesunden Knaben entbunden wurde und der Graf ihr sehr ergeben und zärtlich zugeneigt ist, hat dieser Schlussabschnitt den Charakter eines Happy End. Diesem folgt nur noch ein kurzer epiloghafter Ausblick auf die kommenden Jahre. Er beginnt mit der lakonischen

»Die Marquise von O...«: Strukturübersicht

Handlungssequenz und Erzählform	Inhalt	Umfang
1 ›Prolog‹	Die Zeitungsannonce	S. 5 (7 Zeilen)
2 (Bericht)	Die Eroberung der Zitadelle und die Vergewaltigung	S. 5–8 (knapp 4 Seiten)
3 (Bericht)	Am nächsten Morgen: der russische Befehlshaber, die Erschießung der vermeintlichen Vergewaltiger und der Abzug der Russen	S. 8–10 (1,3 Seiten)
4 (Bericht)	Nachricht vom Tod des Grafen; vergebliche Nachforschungen nach der ›anderen Julietta‹; mehrere Monate verstreichen	S. 10 (3/4 Seite)
5 (Bericht)	Die vorübergehenden Beschwerden der Marquise, ihr Gespräch mit der Mutter	S. 10–11 (1 Seite)
6 (7 Szenen)	Das plötzliche Auftauchen des totgeglaubten Grafen und sein überstürzter Heiratsantrag	S. 11–24 (gut 12 Seiten)
7 (Bericht u. 2 Szenen)	Wochen später fühlt sich die Marquise erneut in anderen Umständen; Hinzuziehung des Arztes; langes Gespräch mit der Mutter	S. 24–29 (5 Seiten)
8 (Szene u. Bericht)	Bestätigung der Schwangerschaft durch die Hebamme und Verfluchung durch die Mutter; Verstoßung der Marquise durch ihre Eltern	S. 29–31 (knapp 3 Seiten)
9 (Bericht)	Die Marquise durchläuft einen Emanzipationsprozess und gibt die eingangs erwähnte Anzeige auf.	S. 32–33 (knapp 2 Seiten)
10 (Bericht u. Szene)	Rückkehr des Grafen von seiner Dienstreise, Aufklärung durch den Forstmeister über das Vorgefallene	S. 33–34 (1 Seite)
11 (Bericht, Szene, B.)	Abweisung des Grafen durch die Marquise	S. 34–36 (gut 2 Seiten)
12 (Szene)	Am selben Abend: Gespräch des Grafen mit dem Forstmeister an einer öffentlichen Tafel	S. 36–37 (knapp 1 Seite)
13 (B. mit eingelag. kleinen Sz.)	Rückblick: Auseinandersetzungen zwischen den Eltern der Marquise über die Haltung gegenüber der Tochter	S. 37–38 (1 Seite)
14 (Szene)	Neuer Streit der Eltern, nachdem die Mutter die Zeitungsanzeige der Marquise entdeckt hat	S. 38–40 (1,5 Seiten)
15 (Szene)	Wenige Tage später: Der Kommandant zerreißt den Brief seiner Tochter, sehr zum Unwillen seiner Frau.	S. 40–41 (knapp 1 Seite)
16 (Bericht u. Szene)	Die Obristin fährt aus eigenem Entschluss zum Landsitz ihrer Tochter hinaus, um diese auf die Probe zu stellen; sie bittet sie um Verzeihung.	S. 41–45 (4 Seiten)
17 (Bericht, Szene, B.)	Rückkehr ins Elternhaus und Reue des Vaters über seine ungerechtfertigte Härte	S. 45–48 (gut 3 Seiten)
18 (Bericht u. Szene)	Der entscheidende Tag: Der Graf gibt sich als der Vater des Kinds zu erkennen; die Marquise reagiert mit Entsetzen und Abscheu.	S. 48–51 (3 Seiten)
19 (Bericht)	Erste Hochzeit zwischen dem Grafen und der Marquise bei Verzicht des Grafen auf alle Rechte eines Ehemanns	S. 51–53 (knapp 2 Seiten)
20 (Bericht)	Geburt des gemeinsamen Sohns; Annäherung im Laufe des folgenden Jahrs; Vergebung und zweite Hochzeit; glückliche Ehe und weitere Kinder; aufklärendes Schlusswort	S. 53 (knapp 1 Seite)

Feststellung, eine »ganze Reihe von jungen Russen folgte jetzt noch dem ersten« (S. 53), und erhellt in einem kurzen Schlussbild noch einmal die so heftige Reaktion der Marquise auf das Erscheinen des Grafen am alles entscheidenden Tag. Damit wird abschließend noch einmal betont, dass die Geschichte um ihretwillen erzählt worden ist, dass ihr innerer Konflikt der Hauptgegenstand der Erzählung war.

Die Struktur der Erzählung lässt sich auf der Grundlage des eben Gezeigten folgendermaßen beschreiben: 1. Auftakt; 2. kurzer Rückblick; 3. erster Handlungsabschnitt (äußere Handlungen, die nicht benannte Freveltat); 4. Wendepunkt/ Erkenntnis eigener Handlungsfähigkeit; 5. zweiter Handlungsabschnitt (innere Handlungen, Aufdeckung der Tat); 6. Happy End und kurzer epiloghafter Ausblick.

Man kann die Erzählung auch in kleinere Handlungssequenzen zerlegen. In diesem Fall werden nicht so sehr die großen erzählerischen Bögen deutlich; dafür tritt der szenisch-dramatische Aufbau hervor, der zeigt, dass hier ein Erzähler am Werke ist, der auch ein versierter Bühnenautor ist (vgl. das Schaubild auf der gegenüberliegenden Seite).

Liest man die Erzählung als Kriminalgeschichte, so ergibt sich folgender Aufbau: Im ersten Abschnitt wird allmählich enthüllt, dass ein Verbrechen geschehen ist. Im zweiten folgt die Aufklärung der Tat, die aber niemals mit dem hässlichen Wort Vergewaltigung bezeichnet, sondern durch die einvernehmliche Eheschließung nachträglich gewissermaßen als vorehelicher Geschlechtsverkehr legalisiert wird. Diese Wendung wird dadurch vorbereitet, dass der reuevolle Täter sich selbst als der Schuldige zu erkennen gibt. Entsprechend geht es bei der Tataufklärung auch weniger um das Sammeln von Indizien als um die Darstellung psychologischer Vorgänge.

Erzählhaltung und Charakterisierungstechnik

Der Erzähler schildert sachlich und nüchtern die Ereignisse. Diese Erzählhaltung ist typisch für Kleists Texte und ungewöhnlich für das 18. Jahrhundert, in der es die Schriftsteller – etwa die Engländer Henry Fielding (1707–1754) und Laurence Sterne (1713–1768) – liebten, ihre Erzählinstanzen sich direkt an den Leser wenden zu lassen. Bei Kleist ist das ganz anders. Er erzählt, wie es der Germanist Wolfgang Kayser in seinem Aufsatz *Kleist als Erzähler* (1954/55) ausgedrückt hat, »mit dem Rücken zum Publikum«. Anfänglich scheint es so, als würde sich der Erzähler nicht positionieren. Erst im zweiten Teil der Erzählung lässt sich eine gewisse positive Hinwendung zur Titelfigur erkennen, deren Selbstbewusstsein hervorgehoben wird: Der Erzähler spricht anerkennend von der »Selbstzufriedenheit«, die die Marquise aufgrund des Siegs über ihren Bruder emfindet, welchen sie »durch die Kraft ihres schuldfreien Bewusstseins« errungen hat (S. 32); er bezeichnet ihren Verstand als »stark genug, in ihrer sonderbaren Lage nicht zu reißen« (S. 32) und bescheinigt ihr Heldenmut beziehungsweise den »heldenmütigem Vorsatz [...], sich mit Stolz gegen die Anfälle der Welt zu rüsten« (S. 32). Doch auch wenn er der aus dem Vaterhaus vertriebenen Marquise erzählerisch mit Respekt und Sympathie begegnet, bleibt der Erzähler seinem objektivierenden Blick treu. Größtenteils beschränkt er sich auf die Darstellung der äußeren Wirklichkeit, ohne sie zu kommentieren. Da diese äußere Wirklichkeit kompliziert und undurchschaubar genug ist, bemüht er sich in der Schilderung um größte Genauigkeit, ohne sich dabei um die Aufnahmefähigkeit des Lesers zu kümmern. Diese kompromisslose Haltung produziert zuweilen die berüchtigten sperrigen Sätze, die viele Leser bei ihrer ersten Begegnung mit Kleists Erzählungen abschrecken. Sein im Wortsinne *umständliches Erzählen* hört sich dann beispielsweise so an (S. 9):

> Der Graf F... antwortete, in einer verwirrten Rede, dass er nicht imstande sei, ihre Namen anzugeben, indem es ihm, bei dem schwachen Schimmer der Reverberen im Schlosshof, unmöglich gewesen wäre, ihre Gesichter zu erkennen. Der General, welcher gehört hatte, dass damals schon das Schloss in Flammen stand, wunderte sich darüber; er bemerkte, wie man wohl bekannte Leute in der Nacht an ihren Stimmen erkennen könnte; und gab ihm, da er mit einem verlegenen Gesicht die Achseln zuckte, auf, der Sache auf das Allereifrigste und Strengste nachzuspüren.

Der Erzähler liefert uns sozusagen nur Indizien dafür, dass den Grafen selbst ein schlechtes Gewissen quälen könnte, doch einen genaueren Einblick in das Seelenleben des Grafen bekommen wir nicht. Nur sehr selten werden psychologische Vorgänge dargestellt. Meist beschränkt sich der Erzähler darauf, gestische und mimische oder sprachliche Auffälligkeiten zu benennen, die zu psychologischen Einschätzungen führen können. Solche Hinweise durchziehen die ganze Erzählung, wie die folgende Auswahl zeigt:

> indem er sich die Stirn rieb (S. 16) / Drauf, indem er sich erhob, und seinen Stuhl wegsetzte (S. 16) / Worauf er noch, den Stuhl in der Hand, an der Wand stehend, einen Augenblick verharrte, und den Kommandanten ansah. (S. 16) / wo er sich ihm mit einem trocknen Gesicht empfahl (S. 18) / versicherte plötzlich, blutrot im Gesicht (S. 20) / sie stockte, und ihre Augen glänzten, indem sie dies sagte (S. 21) / indem er unruhig vom Sitz wieder aufstand (S. 21) / Die Marquise sah, mit dem Ausdruck der lebhaftesten Unruhe, vor sich nieder. Man könnte ihm ja, fuhr die Mutter fort, indem sie ihre Hand ergriff (S. 22) / Der Kommandant, der Alles gehört hatte, stand am Fenster, sah auf die

Straße hinaus, und sagte nichts. (S. 22) / indem er sich umkehrte (S. 22) / Hierauf sprang die Mutter auf, küsste ihn und die Tochter, und fragte, indem der Vater über ihre Geschäftigkeit lächelte (S. 22) / und mit einem Lächeln, das er nicht unterdrücken konnte (S. 24) / mit einer konvulsivischen [krampfartigen] Bewegung (S. 26) / indem sie ihr, mit dem Ausdruck der gekränkten Würde, hochrot im Gesicht glühend, die Hand küsste (S. 26 f.) / indem sie sich auf Knien vor ihr niederließ (S. 27) / mit flammendem Gesicht (S. 31) / mit einer flüchtigen Blässe (S. 34) / indem er ihn anglotzte (S. 34) / nach einem forschenden Blick (S. 34 f.) / indem sie aufstand, und sich loswickelte (S. 35) / indem er sie festhielt (S. 35) / indem ihm das Blut ins Gesicht schoss (S. 37) / indessen er mit ganzer Seele über dem Papier lag, und den Sinn desselben gierig verschlang. Darauf nachdem er einen Augenblick, während er das Blatt zusammenlegte, an das Fenster getreten war (S. 37) / indem er sich zum Forstmeister wandte, vor Wut schäumend (S. 38) / indem er fortschrieb (S. 38) /während der Obrist noch, mit einer nichtssagenden Miene, in das Papier hineinsah (S. 40) / indem er, mit einer plötzlich heftigen Bewegung, den Brief zerriss (S. 40) / indem sie den Handkuss vermied (S. 42) / und Erwartung spannte jede ihrer Mienen (S. 42) / mit unruhig arbeitender Brust (S. 42) / und drückte ihre Hand, mit dem Ausdruck der Verzweiflung, vor die Stirn (S. 43) / mit einem ganz erhitzten Gesicht (S. 45) / das Tuch vor das Gesicht haltend (S. 46) / stand bloß, das Gesicht tief zur Erde gebeugt, und weinte (S. 46) / zwar sehr heiter war, aber noch von Zeit zu Zeit schluchzte, wenig aß und sprach, auf den Teller niedersah, und mit der Hand seiner Tochter spielte (S. 48) / schlug mit einem Blick funkelnd, wie ein Wetterstrahl, auf ihn ein, indessen Blässe des Todes ihr Antlitz überflog. Der Graf hatte ein

> Knie vor ihr gesenkt; die rechte Hand lag auf seinem Herzen, das Haupt sanft auf seine Brust gebeugt, lag er, und blickte hochglühend vor sich nieder, und schwieg. Wen sonst, rief die Obristin mit beklemmter Stimme [...]? Die Marquise stand starr über ihm (S. 50) / ihre Brust flog, ihr Antlitz loderte (S. 50 f.) / Der Graf stand wie vernichtet. Der Kommandant legte seine Hand auf ihn; seine Augenwimpern zuckten, seine Lippen waren weiß, wie Kreide. (S. 51) / sah sie den Vater mit großen Augen zerstreut an, und antwortete nichts (S. 51 f.) / Die Marquise sah, während der Feierlichkeit, starr auf das Altarbild; nicht ein flüchtiger Blick ward dem Manne zuteil, mit welchem sie die Ringe wechselte. (S. 52) / indem sie ihm um den Hals fiel (S. 53)

Diese Beschreibungen von unwillkürlichen Reaktionen, von Gesichtsausdrücken und Gesten lassen Rückschlüsse auf das augenblickliche Seelenleben der jeweiligen Figur zu. Doch der Leser oder die Leserin muss sie nach eigenem Ermessen ziehen. Bis zum Schluss bleibt manches im Verhalten der Figuren unerklärt und ohne psychologische Begründung. Die Nüchternheit, mit der hier registriert und berichtet wird, steht im Widerspruch nicht nur zu der Emotionalität, sondern auch der Komplexität und Seltsamkeit der Ereignisse. Dadurch, dass der Erzähler nüchtern, objektivierend über den Ereignissen zu schweben scheint, bleiben auch die Ereignisse selbst in der Schwebe. Dadurch, dass der Erzähler sich eines klaren Standpunkts enthält, sind die Leser herausgefordert, eigene Deutungsversuche zu unternehmen und die Leerstellen der Erzählung auszufüllen.

Die bedeutendste dieser Leerstellen ist natürlich der sexuelle Akt, die Vergewaltigung der bewusstlosen Marquise durch den Grafen. Sie wird nicht beschrieben, nicht einmal erwähnt und bildet dennoch das Zentrum der Erzählung. Der

Erzähler setzt lediglich einen Gedankenstrich, der vom Leser gleichsam detektivisch als Chiffre für die Vergewaltigung erkannt werden muss. Kleist nimmt mit dieser Auslassung auf das zeitgenössische Sittlichkeitsempfinden Rücksicht und stachelt zugleich die sexuelle Einbildungskraft der Leser und, was im 18. Jahrhundert noch heikler war, der Leserinnen auf. Auch nach der vollständigen Lektüre der Erzählung ist man nicht umfassend über das zentrale Ereignis und dessen Motivation unterrichtet.

Kleists – auf den ersten Blick – antipsychologisches Erzählen ist mit einer eher personalen Erzählhaltung verknüpft. Personales Erzählen bietet immer nur eine ausschnitthafte, subjektiv verzerrte Sicht auf die Welt. Es zieht den Leser in die fiktionale Welt hinein und konfrontiert ihn unmittelbar mit den Problemen des fiktiven Personals, sich in ihr zurechtzufinden. Es bildet am besten die Orientierungsprobleme des modernen Menschen in einer unübersichtlich gewordenen Welt ab. Es verzichtet bewusst auf den Gestus der souveränen Übersicht, der die auktoriale, ›allwissende‹ Erzählhaltung auszeichnet. An seinem weitgehenden Verzicht auf auktoriales Erzählen, das um 1800 noch den Normalfall bildete, zeigt sich Kleists Modernität vielleicht am stärksten. Diese Modernität befremdete die Zeitgenossen; die Nachwelt aber zog sie an. Kafka etwa verehrte Kleist und glaubte in seinem Erzählstil »die Wurzel der modernen deutschen Sprachkunst« zu erkennen (Gustav Jarnouch, *Gespräche mit Kafka*, 1968).

Nur an sehr wenigen Stellen und auffälligerweise meist in Bezug auf weibliche Figuren, vor allem auf die Marquise, gibt der Erzähler direkten Einblick in psychologische Vorgänge und charakterisiert seine Figuren etwas deutlicher. Dann zeigt er sich als ein auktorialer Erzähler, der Zusammenhänge herstellen kann und über die Figuren genau, genauer als diese selbst, orientiert ist. So erfahren wir etwa, dass nach den

Kriegshandlungen mehrere Monate vergehen, bis das Bild des totgeglaubten Grafen allmählich in der Marquise verblasst (vgl. S. 10). Ebenso wird die Entschlossenheit, mit der sie nach ihrer Verstoßung durch die Eltern ihr Schicksal annimmt, als seelischer Reifeprozess gewertet. Aber auch im Fall der Mutter der Marquise wird ein solcher Reifeprozess angedeutet, als diese »die Schwäche« bereut und überwindet, »mit welcher sie sich, bei der tyrannischen Verstoßung der Tochter, von ihm [dem Gatten] hatte unterjochen lassen« (S. 37).

Dass die Nüchternheit des Erzählstils gerade im Bezug auf die weiblichen Figuren einige Brüche erfährt, dass wir in diesen Momenten eher einen Einblick in die weibliche als in die männliche Psyche erhalten, hängt mit den um 1800 geltenden Rollenzuweisungen an die Geschlechter zusammen, die selbst das Erzählverfahren beeinflussen. Das Objektive ist die Domäne des Männlichen, das subjektiv Empfundene ist eher weiblich konnotiert. Die objektiven Fakten sind von Männern bestimmt: der Krieg, die Kapitulation, die versuchte Vergewaltigung durch die Soldaten, die Rettung – und anschließende Vergewaltigung – der Marquise durch den Grafen, der Rauswurf durch den Vater, der Antrag des Grafen. In der Darstellung dieser von Männern geschaffenen Tatsachen wird auf Psychologie verzichtet. Die Frauen können auf diese ›männliche‹ Wirklichkeit nur reagieren; und das nötigt ihnen Kraft und Charakterstärke ab. Dies hebt der Erzähler hervor, indem er an einigen Stellen die emotionalen und psychischen Herausforderungen, denen die weiblichen Figuren ausgesetzt werden, näher darstellt. Der (wohl als männlich zu denkende) Erzähler fordert von den Lesern einen weiblichen Blick; er ordnet ihnen eine weibliche Position zu. Er fordert uns auf, uns eigene Charakterbilder der Figuren zu schaffen, sie selbst mit Empfindungen zu versehen und mit ihnen auf das Dargestellte, die ›männliche‹ Realität, zu reagieren.

Leitmotive, Allegorien, Symbole

Den Vergleich der Marquise mit der Jungfrau Maria hat Kleist erst für die Buchausgabe von 1810 eingefügt. Beim Erstdruck der Erzählung im *Phöbus* (1808) fehlt dieses Motiv noch. Dass Kleist bei der Wiederveröffentlichung auf die Jungfrau Maria Bezug nimmt, kann als eine Reaktion auf die vorangegangene Kritik an der Unsittlichkeit der Geschichte und als Versuch der Ehrenrettung seiner Hauptfigur verstanden werden, könnte aber auch ein ironischer Schachzug sein. Indem die Marquise mit der heiligen Jungfrau in Zusammenhang gebracht wird, erhält der an der Ohnmächtigen vollzogene Beischlaf eine metaphysische Dimension. Das Gemeinsame beider Frauen besteht in ihrer Unschuld – nicht nur insofern, als sie nicht wissen, wie sie das Kind, das sie austragen, empfangen haben, sondern auch in Bezug auf ihre sexuelle Reinheit.

Das Leitmotiv der sittlichen Reinheit klingt bereits im ersten Satz der Erzählung an, in dem die Marquise als »eine Dame von vortrefflichem Ruf« angesprochen wird. Als später das erste Mal erwähnt wird, dass sich die Marquise »von wiederholten Unpässlichkeiten befallen fühlte«, heißt es im selben Atemzug, dass sie »sonst die Göttin der Gesundheit selbst« sei (S. 11). Auch hier wird also, wenn auch in einer alltagssprachlichen Phrase, die ihres religiösen Bezugs beraubt ist, die göttliche Makellosigkeit der Marquise betont.

Die ironisch-beschwichtigende Bemerkung der Obristin gegenüber ihrer Tochter, »sie würde vielleicht den Phantasus gebären« (S. 11), erweitert das Assoziationsfeld. Phantasos/Phantasus ist in der griechisch-lateinischen Mythologie der Gott der Träume. Die Mutter hält es für aberwitzig, dass ihre Tochter einen Fehltritt begangen haben könnte, und steht so für deren Unschuld ein.

Die Jungfrau Maria muss den Gottessohn ohne Wollust empfangen, damit sie unbefleckt von der Erbsünde bleibt. Die

Bildnis der Jungfrau Maria von El Greco (1541 bis 1614). Öl auf Leinwand, um 1594.

Wollust nämlich gilt in der abendländischen Kultur als schwere Sünde, der Männer und Frauen erliegen, die ihrem Begehren nachgeben und den Geschlechtsverkehr vollziehen, ohne dass er rechtlich und kirchlich sanktioniert wäre. Im Neuen Testament wird der heiligen Jungfrau ihre Schwangerschaft mit folgenden Worten angekündigt: »Da sprach Maria zu dem Engel: Wie soll das zugehen, da ich doch von keinem Mann weiß? / Der Engel antwortete und sprach zu ihr: Der heilige Geist wird über dich kommen, und die Kraft des Höchsten wird dich überschatten; [...]« (Lukas 1,34f.). Auch die Marquise befindet sich während der Zeugung im Reich der Schatten, ihr Bewusstsein ist verschattet. Dass ihr der Graf im Nachhinein als (rettender) Engel erscheint, lässt sich, wenn man will, als ironische, leicht blasphemische (gotteslästerliche) Anspielung auf die ›Überschattung‹ der Jungfrau Maria deuten; womöglich sogar als Hinweis darauf, dass die Marquise insgeheim mehr von dem ahnt, was ihr widerfahren ist, als sie vor sich und anderen einzugestehen vermag: Wenn sie den Grafen als Engel (des Herrn) betrachtet, der der Jungfrau Maria erschienen ist, so verknüpft sich sein Erscheinen unwillkürlich mit dem Ereignis der (unbefleckten) Empfängnis und Schwangerschaft. Dass Kleist einen solchen tiefenpsychologischen Zusammenhang nahelegen wollte, ist jedoch nicht sehr wahrscheinlich.

Am konkretesten wird in der Erzählung der Bezug zur Jungfrau Maria hergestellt, als die Marquise die Hebamme konsultiert. Die Marquise fragt die lebenserfahrene Frau, »ob die Möglichkeit einer unwissentlichen Empfängnis« eine »Erscheinung im Reiche der Natur sei?« (S. 30) Die Hebamme versteht die Frage ganz richtig als Frage danach, ob das, was der heiligen Jungfrau – durch göttliche Bestimmung – widerfahren ist, sich auch ohne göttliche Intervention ereignen könne. Um eine klare Auskunft nicht verlegen, versichert sie, »dass dies, außer der Heiligen Jungfrau, noch keinem Weibe auf Erden zugestoßen wäre« (S. 30). Für sie ist der Fall klar: Die Marquise hat heimlichen Umgang mit dem anderen Geschlecht (gehabt) und will nun die unangenehmen Folgen nicht wahrhaben. Die Hebamme glaubt nicht an die Unschuld der Marquise, die hier nicht nur sexuell, sondern als Unkenntnis der Umstände aufgefasst werden kann. (Anders als der Jungfrau Maria wurde ihr ja nie eine Empfängnis verkündet.) – Die Marquise ist also tatsächlich unschuldiger und unwissender, als ihr zugestanden wird. Allein der Graf zeigt sich – aus guten Gründen, wie sich später herausstellt – von ihrer Unschuld überzeugt (vgl. S. 34).

Einen letzten Bezug zum Motiv der heiligen Jungfrau enthält der vor der ersten Hochzeit zwischen dem Grafen und der Marquise geschlossene Ehevertrag, der dem Grafen das Versprechen abnötigt, die Marquise zwar unter seinen rechtlichen Schutz zu stellen, jedoch nicht auf den Vollzug der Ehe zu pochen. Er verpflichtet sich also zu einer ›Josefsehe‹, wie mit Bezug auf den Ehemann der Jungfrau Maria alle sexuell enthaltsamen Ehen bezeichnet werden.

Der Graf wird als eine höchst ambivalente Figur dargestellt. Einerseits ist er kriegerischer Held, Retter bedrohter Frauen, Mann von Ehre und gesellschaftlicher Stellung und ein zartfühlender Verehrer. Andererseits hat er sich in einer unbeobachteten Situation genauso schändlich und unehrenhaft verhalten wie die einfachen Soldaten, die allein den Vorsatz einer Vergewaltigung der Marquise mit ihrem Leben büßen mussten. Was jedoch den Grafen auszeichnet, ist sein lebhaftes Unrechtsbewusstsein nach der Tat. Seine vermeintlich letzten Worte auf dem Krankenlager werden zwar von der Marquise nicht als ein Schuldbekenntnis verstanden, lassen sich aber als ein solches lesen, zumal im Kontext der »Vorstellung[en]«, die sich ihm während der Genesung von seiner schweren Verwundung immer wieder aufgedrängt haben:

> Hierauf erzählte er mehrere, durch seine Leidenschaft zur Marquise interessanten, Züge: wie sie beständig, während seiner Krankheit, an seinem Bette gesessen hätte; wie er die Vorstellung von ihr, in der Hitze des Wundfiebers, immer mit der Vorstellung eines Schwans verwechselt hätte, den er, als Knabe, auf seines Onkels Gütern gesehen; dass ihm besonders eine Erinnerung rührend gewesen wäre, da er diesen Schwan einst mit Kot beworfen, worauf dieser still untergetaucht, und rein aus der Flut wieder emporgekommen sei; […]. (S. 20)

Diese Allegorie (Veranschaulichung einer Vorstellung durch ein Bild, meist eine Personifikation) fungiert als Schuldbekenntnis. Dass der Graf selbst die Fieberfantasie der Kommandantenfamilie mitteilt, unterstreicht diese Funktion.

Die allegorische Identität zwischen dem Schwan und der Marquise wird auch dadurch angezeigt, dass der Schwan, der grammatisch das männliche Genus verlangt, zu einem weiblichen Wesen wird, als der Graf die Erzählung über seine Fieberfantasie fortsetzt: »[...] dass sie immer auf feurigen Fluten umhergeschwommen wäre, und er Thinka gerufen hätte, welches der Name jenes Schwans gewesen, dass er aber nicht imstande gewesen wäre, sie an sich zu locken, [...].« (S. 20)

Die »feurigen Fluten« erinnern an das flammende Inferno während des Sturmangriffs der Russen auf die Zitadelle, das den Hintergrund der Vergewaltigung bildete. Das Bewerfen Thinkas, der ›Reinen‹ – Thinka ist eine russische Koseform von Jekaterina/Katharina, was ›die Reine‹ bedeutet – mit Kot ist natürlich eine Allegorie für die Vergewaltigung der Marquise. Auch sie wurde mit Schmutz beworfen, ohne dabei ihre Reinheit zu verlieren. Der Umstand, dass der Graf in der Fieberfantasie nicht in der Lage ist, den Schwan zu sich zu locken, obwohl er ihn beim Namen ruft, nimmt das Zögern der Marquise vorweg, der gräflichen Werbung um ihre Hand nachzugeben.

Die (sittliche) Reinheit der Marquise wird zudem bereits durch die Wahl des Tiers, das sie symbolisiert, unterstrichen. Aufgrund ihres weißen Gefieders stehen Schwäne in vielen Erzählungen für Reinheit. Diese Reinheit ist, so der Sinn der Fieberfantasie des Grafen, eben nicht verletzbar durch die grobe Beschmutzung mit Fäkalien, also einer Körperausscheidung. Dem Schwan gelingt es, seine physische Reinheit durch das Untertauchen im Wasser wiederherzustellen. Die Marquise ist zwar, wie der Graf nur zu gut weiß, beschmutzt (durch das Ejakulat des Grafen befleckt) worden, aber ihrer seelischen Reinheit kann diese ›Pollution‹ nichts anhaben.

Dass der Schwan den Namen einer der bedeutendsten Heiligen trägt, nämlich den der heiligen Katharina, die als Schutzheilige der Philosophen gilt, verleiht der Erzählung einen weiteren religiösen Bezug. Neben der Muttergottes war Katharina eine der meistverehrten jungfräulichen Heiligen der katholischen Kirche. Katharina war der Überlieferung nach so standfest in ihrem Glauben, dass es den fünfzig versiertesten Philosophen des heidnischen Kaisers Maximinus nicht gelang, sie vom Christentum abzubringen; vielmehr bekehrte sie alle durch die Kraft ihrer Argumente. Ähnliche Standhaftigkeit wird auch dic Marquise unter Beweis stellen. Gegen sie treten zwar nicht fünfzig Gelehrte, sondern nur ein Arzt, eine Hebamme und die faktische Evidenz der sich offenbarenden Schwangerschaft an; dennoch wird sie am Ende als diejenige dastehen, die alle von ihrer Unschuld zu überzeugen vermag.

Während die Gleichsetzung der Marquise mit dem Schwan ihre sittliche Reinheit bezeugt, scheint der Graf schon als Kind den Wunsch verspürt (und ihm nachgegeben) zu haben, das, was er »außerordentlich lieb[t]«, »mit Kot« zu bewerfen (S. 20). Insofern wird das mit Fäkalien werfende Kind auch zu einer Allegorie männlichen Begehrens. Der Graf erkennt sich als jemand, der das, was er verehrt und anbetet, bezwingen und beherrschen und ihm seinen Stempel aufdrücken möchte. Hier zeigt sich der ambivalente Charakter menschlichen Begehrens. Die sexuelle Fixierung auf eine bestimmte Person kann die Unterwerfung dieser Person unter das eigene, außer Kontrolle geratene Begehren nach sich ziehen. Sexualität ist immer in den Dunstkreis von Schuldhaftigkeit gestellt und Männer plagen sich mit schlechtem Gewissen, weil sie das, was sie einerseits als rein inthronisieren, dann andererseits selbst zu beschmutzen begehren. Die feministische und die sexuelle Revolution des 20. Jahrhunderts zielten darauf ab, diese bizarre Verknüpfung von Begehren und Schuld aufzulösen. Das spontane Begehren, das den Grafen befiel, als er die ohnmächtige Gräfin vor sich sah, hat zu eben der Unterwerfung und ›Objektwerdung‹ der später geliebten und verehrten Frau geführt, die der sittlich fühlende Graf in der Fieberfantasie an sich selbst verurteilt.

Was in der Erzählung bereits im Titel auffällt, sind die Kürzungen bei Namens- und Ortsangaben. Dies ist ein häufig gewählter Kunstgriff in Erzählungen des 18. Jahrhunderts, der den Eindruck der Authentizität des Berichteten verstärken soll. Besonders in dem beliebten Genre der Erzählungen, die auf psychologischen Fallgeschichten beruhen, kommt dies häufig vor; offenbar hat Kleist diese Namenskürzel und verdeckten Ortsangaben benutzt, um dem Leser zu suggerieren, dass sich die Geschichte der Marquise von O… tatsächlich zugetragen habe. Diese Absicht wird durch den Titelzusatz »(Nach einer wahren Begebenheit, deren Schauplatz vom Norden nach dem Süden verlegt worden)« explizit bekräftigt. Diese Hinweise auf die angebliche Authentizität der berichteten Ereignisse trugen sicher dazu bei, die Erzählung skandalös erscheinen zu lassen.

Das Fingieren von Authentizität ironisiert in gewisser Weise auch das Projekt der Aufklärung. Zur Zeit der Spätaufklärung war es üblich, anhand von authentisch wirkenden Fallgeschichten populärphilosophische Einsichten zu vermitteln. Dass Kleist anderes im Sinn hatte, ist schon erörtert worden (vgl. S. 40 dieses Bands). So dienen die Abkürzungen bei Kleist wohl eher der Parodie von populär aufklärerischen, leicht konsumierbaren Erfolgsgeschichten von Autoren wie Christian Heinrich Spieß (1755–1799; *Biographien der Selbstmörder*, 1785; und *Biographien der Wahnsinnigen*, 1796). Spieß schrieb aus dem aufklärerischen Impetus heraus, die Leser durch

Bruno Ganz als Graf F... und Edith Clever als Marquise von O... in Eric Rohmers Verfilmung von Heinrich von Kleists Erzählung.

Abschreckung vor eigenem Fehlverhalten zu warnen. Kleists Erzählstrategien zielen dagegen nicht auf Eindeutigkeit, sondern auf Mehrdeutigkeit ab, nicht auf die Vermittlung einfacher moralischer Botschaften, sondern auf die nachhaltige und produktive Verstörung des Rezipienten.

Mit der Verlagerung der Geschichte, die sich angeblich im Norden zugetragen hat, nach Italien wird ein reichhaltiger Assoziationsraum eröffnet. Italien ist im 18. Jahrhundert das Sehnsuchtsland der Deutschen. Es steht nicht zuletzt für sinnlichen Lebensgenuss. Der Schauplatz Italien ist von vornherein erotisiert, so wie der Name Julietta an Shakespeares Juliet denken lässt. *Romeo and Juliet* (1597) spielt in Verona; das Landgut V... der Marquise hat den gleichen Anfangsbuchstaben (vgl. S. 32). Indem die Marquise als Einzige der Hauptfiguren einen Vornamen erhält, wird sie individualisiert und erotisiert. Die Wahl des Vornamens zeigt überdies an: Die Marquise ist eine schöne, noch junge, erotisch anziehende Frau;

und als Liebende empfindet sie möglicherweise ebenso romantisch wie ihre Namenspatronin. Das Initial ›O…‹ ihres Nachnamens verweist dagegen auf die sexuelle Seite der Liebe: Es symbolisiert aus patriarchalischer Perspektive ›das Weibliche‹. Der leere, nicht näher zu bestimmende Innenraum des Buchstabens ›O‹ versinnbildlicht die Unerklärbarkeit und das Geheimnisvolle der Weiblichkeit und des weiblichen Geschlechtsorgans. In der stark geschlechterdualistischen Vorstellung des 18. Jahrhunderts ist Männlichkeit durch Stärke und Tatkraft charakterisiert. Die Frau ist ein dunkles Geheimnis, doch der Mann ist ›greifbar‹. So auch der Graf F…: Das ›F‹ ist ein phallisches Symbol, männliche Geschlechtlichkeit ist nicht geheimnisvoll, sondern an Taten orientiert. (»Bald kletterte er«, heißt es über den Grafen beziehungsreich, »den Schlauch in der Hand, mitten unter brennenden Giebeln umher, und regierte den Wasserstrahl«; S. 7.) ›F‹ deutet auch auf das lateinische ›facere‹, das so viel wie ›machen, tun‹ bedeutet. Der Graf ist der, der durch entschlossenes, oft aber auch überstürztes Handeln die Dinge bewegt und Konflikte schafft; nicht zuletzt hat er die Marquise durch die Vergewaltigung zu seiner Frau gemacht. Er ist mit männlichem Eroberungswillen in die weibliche Sphäre eingedrungen.

Die Marquise ist die Tochter »des Herrn von G…« (S. 5). Auch dieser Buchstabe lässt sich sinnreich ausdeuten: als Gemisch aus ›O‹ und ›F‹. ›G‹ bezeichnet nicht den männlichen Helden, ist kein phallisches Symbol. Es zeigt eher eine ›weiblich‹ runde Form. ›Graficare‹, für das das ›G‹ stehen könnte, bedeutet aus dem Lateinischen übersetzt sowohl ›jemandem ein Geschenk machen‹ als auch ›gefällig sein und nachgeben‹. Das entspricht der Rolle des Kommandanten:

> Der Platz war in kurzer Zeit völlig erobert, und der Kommandant, der sich nur noch wehrte, weil man ihm keinen

> Pardon geben wollte, zog sich eben mit sinkenden Kräften nach dem Portal des Hauses zurück, als der russische Offizier, sehr erhitzt im Gesicht, aus demselben hervortrat, und ihm zurief, sich zu ergeben. Der Kommandant antwortete, dass er auf diese Aufforderung nur gewartet habe, reichte ihm seinen Degen dar, und [...]. (S. 7)

Die sexuelle Konnotation dieser Szene ist kaum zu übersehen: Der feindliche Eroberer hat gerade die Tochter des Kommandanten (der davon natürlich nichts weiß) vergewaltigt; indem er aus dem Portal des Hauses hervortritt, zeigt er (unbeabsichtigt) an, wer nun Herr im Hause ist. Der Kommandant wiederum nimmt diese Anmaßung kampflos hin, indem er dem Sieger seinen Degen – der nicht nur ein Phallussymbol, sondern auch das Symbol seiner Ehre ist – überreicht.

Dass der Kommandant sich seiner im Grunde schwachen Position bewusst ist, zeigt sich an vielen Stellen; so auch an seiner halb unwilligen, halb versöhnlichen Reaktion auf das Ergebnis der Familienberatung, an der er aus beleidigtem Trotz selbst nicht teilgenommen hat: »Nun so macht! macht! macht! rief der Vater, indem er sich umkehrte: ich muss mich diesem Russen schon zum zweiten Mal ergeben!« (S. 22) Am Ende macht er dem Grafen das Geschenk seiner Tochter, die aus der Hand des Vaters in die Hand des Ehemanns übergeht.

2 Figuren

Die Marquise von O...

Die Titelgestalt der Erzählung ist eine Frau, die der sich im 18. Jahrhundert ausbildenden weiblichen Geschlechterrolle mustergültig entspricht. Ihr vortrefflicher Ruf, der gleich am Anfang erwähnt wird, erklärt sich auch daraus, dass sie nach dem Tod ihres Mannes den Landsitz verlassen hat und in das väterliche Haus zurückgekehrt ist, um dort ihre Kinder zu erziehen. Die Marquise wird als eine Frau eingeführt, die in jeglicher Hinsicht die gesellschaftlichen Erwartungen, die an eine Tochter, Mutter, Ehefrau und Witwe gestellt werden, erfüllt. Sie achtet ihre Eltern und gehorcht ihnen. Nach dem Tod des Ehemanns erwägt sie kein selbstständiges Leben. Ihrem Ehemann war sie so herzlich zugetan, dass sie für sich ausschließt, noch einmal in den Stand der Ehe zu treten, obwohl sie für ein Witwendasein eigentlich noch zu jung ist. Ihren Kindern ist sie, wie es die bürgerliche Ideologie des 18. Jahrhunderts vorgibt, eine sorgsame und liebende Mutter. Sie erzieht und bildet die Mädchen aus. Als Witwe lebt sie keusch und bescheiden. Die versuchte Vergewaltigung an ihr zeigt zwar, dass sie eine begehrenswerte Frau ist; von Begehren auf ihrer Seite ist aber im Text nicht die Rede. Auch dem Grafen, der ihr angenehm ist, weil er sie in ihren Augen so heldenhaft gerettet hat, tritt sie nicht kokett gegenüber und schlägt das schmeichelnde und finanziell lukrative Angebot, seine Gattin zu werden, zunächst aus. Ihr Geerdetsein und ihre Vernunft gebieten ihr Zurückhaltung. Sie entspricht der neuen Weiblichkeitsnorm so deutlich, dass sie als Figur fast unglaubhaft wirkt in ihrer Zartheit, Bescheidenheit und Schönheit. Als sie von den angeblich letzten Worten des Grafen hört, ahnt sie nicht einmal, dass sie gemeint sein könnte. Dies ist signifikant für die Figur. Zu wenig Bedeutung schreibt sie sich zu, um den Namen Julietta auf sich zu beziehen.

All diese Persönlichkeitszüge zusammengenommen, entspricht die Marquise der männlichen Wunschvorstellung einer Heiligen, die sich, ohne eigene sexuelle und sonstige Wünsche, völlig der männlichen Führung, erst des Ehemanns, dann wieder des Vaters, unterwirft. Dieses Bild der Heiligen, das sie verkörpert, wird nachhaltig gestört durch den sich rundenden Leib. Der auf der Hand liegende Schluss, sie habe die Schwangerschaft durch eine heimliche Liebelei selbst verschuldet – wobei ein solches Verhalten in den Augen der Hebamme einen lässlichen Fehler darstellt –, lässt sie in Ohnmacht fallen, weil ihr ein solcher Vorwurf ungeheuerlich vorkommt. Sie ist so sittenstreng, dass sie kaum versteht, dass ihre Mutter ihr, im Falle eines Geständnisses, ihren Fehltritt verzeihen würde. Der Umstand der Schwangerschaft sexualisiert sie. Er durchbricht die bisherige Wahrnehmung ihrer Person. Die Frage drängt sich auf, was den Grafen dazu brachte, über die schlafende Marquise herzufallen. Statt weiterhin der transzendenten Sphäre einer Unberührbaren anzugehören, die sie in einer asexuellen Harmonie mit sich selbst stehen lässt, wird sie in den Bereich des Körperlichen geworfen und untersteht dem Nexus von Lust und Schmerz. Heutige Leser und Leserinnen sind sicher geneigt, in ihr das Opfer des sexuellen Übergriffs zu erkennen und sie von jeder Schuld freizusprechen, weil der Begriff von Schuld im Zusammenhang mit Sexualität inzwischen weniger geläufig ist. Dennoch erfährt die Marquise durch die Feststellung der Schwangerschaft eine Erotisierung. Ihr trotz vorangegangener Mutterschaften als unberührt aufgefasster Körper wird im Laufe der Erzählung immer mehr zu einem Objekt männlichen Begehrens. Während sie als Witwe vom Prozess der Empfangens und Gebärens ausgeschlossen ist, wird ihr Körper durch einen Mann unvermittelt dieser Funktion wieder unterworfen. Die Marquise symbolisiert dadurch etwas wie Natur, die durch den Mann unterworfen, beherrscht und fruchtbar gemacht wird.

Da dieser Eroberungsakt ohne jegliches Einverständnis der Marquise erfolgt, wie es das Herrschaftsverhältnis zwischen Mann und Frau, also zwischen erobernden Geist und erobertem Körper, vorsieht, geht er auch mit einer Degradierung des Leibes der Marquise einher. Plötzlich wird sie der Verachtung der Welt ausgesetzt. Ihr Ruf ist zerstört.

Obwohl Kleist selbst stark an den klassischen Genderrollen orientiert war, lässt er diese so fügsame und in gewisser Weise auch langweilige Frauenfigur durch den Schicksalsschlag, der ihr beschieden ist, über sich hinauswachsen. Kleist gestaltet mit der Marquise eine sich emanzipierende Heldin, die das Schicksal ihrer Kinder (der bereits geborenen wie des ungeborenen) entschlossen in die Hand nimmt.

Der Graf F...

Anders als die Marquise, die (zumindest in den Augen der anderen Figuren) entweder als die rein Bewundernswerte oder als die ausschließlich Verachtenswerte erscheint, vereinigt der Graf die ambivalenten Bilder von Engel und Teufel zugleich in sich. Dass beides in ihm ist und er als beides erscheinen kann, wird ihm durch seine Frau in den letzten Zeilen der Erzählung noch einmal bestätigt. Er ist zugleich Retter (Engel) als auch Vergewaltiger (Teufel). Für ihn sprechen beide Taten und er steht für beide Taten. Seine Männlichkeit, ja selbst seine soziale Anerkennung sind nicht von seinem sexuellen Tabubruch bedroht. Die männliche Geschlechterrolle verfügt über einen breiten Aktionsradius; auch verwerfliches Handeln, Gewalt, soziale Normbrüche bedeuten nicht zwangsläufig die Degradierung als Mann. Kontextuell lassen sich männliche Taten, die auf den ersten Blick Sanktionen fordern würden, rehabilitieren. Auch der Graf weiß sich mit seiner vehementen Werbung um die Marquise zu rehabilitieren. Niemand, außer der Marquise, die für kurze Zeit das Geschlechterverhältnis zwischen ihnen beiden umkehrt, weist ihn in seine Schranken. Die Eroberung der Marquise, die er ja zunächst vor dem sexuellen Kontakt mit anderen, niedriger gestellten Männern bewahrt hat, zeigt ihn als ›ganzen Mann‹. Tatsächlich wird er bereitwillig als mustergültiger Gentleman wahrgenommen, auch wenn die Dringlichkeit, mit der er

Bruno Ganz als Graf F... in Eric Rohmers Filmerzählung »Die Marquise von O...« (Deutschland / Frankreich 1975/76).

seine Werbung vorbringt, etwas befremdet. Nur die Marquise vermag das Abgründige in ihm zu erblicken, ihre Familie blendet diese Seite des Grafen völlig aus. Er geht aus der Erzählung eindeutig als Sieger hervor. Während die minderbemittelten Soldaten den Versuch der Vergewaltigung mit ihrem Leben büßen müssen, gelingt es dem höher gestellten, gleichsam vollwertigen Mann nicht nur, die Tat selbstbewusst zu verantworten, sondern die Begehrte als Ehefrau, und zwar als emotional ihm zugewandte Ehefrau, heimzuführen. Auch wenn der vollständige Sieg des Grafen einige Zeit kostet und er sich ein Jahr lang dem Willen der Ehefrau freiwillig unterwirft, erscheint sein letztendlicher Sieg umso größer, weil seine Frau sich ihm nun nicht nur aus gesellschaftlichem Zwang, sondern aus echter Neigung hingibt.

Der Graf ist finanzkräftig, gebildet, darüber hinaus ein Kriegsheld. Es gelingt ihm nicht nur, das Kommandantenhaus im Sturm zu erobern, er bewährt sich auch auf dem gesellschaftlichen und – in diplomatischer Mission – auf dem politischen Terrain. Selbst die beinah tödliche Verletzung übersteht er. Im häuslichen Bereich, in dem für kurze Zeit seine Vormachtstellung durch die Gräfin gedämpft ist, siegt er durch Beharrlichkeit und Taktgefühl. Während sein erster Sieg über die Marquise, die stürmische sexuelle Eroberung, einen schalen Beigeschmack hat, den er selbst nur allzu deutlich spürt, erscheint seine emotionale Bezwingung der Gräfin, die formal bereits seine Frau ist, umso wirkungsvoller. Sie gehört ihm nicht nur körperlich an, auch seelisch hat sie die männliche Vorrangstellung des Gatten für sich akzeptiert. Die tiefe Enttäuschung, die der Graf ihr bereitet hatte, als sich herausstellte, dass er der Vergewaltiger ist, wird am Ende der Erzählung bagatellisiert. Auf die Frage, warum die Marquise den Graf floh, folgt nicht der Hinweis auf die Brutalität seiner Handlungsweise; vielmehr räumt die Gräfin ein, damals überzogen reagiert zu haben. Ihre Antwort ist ein Zugeständnis, dass Frauen sich allzu gern naive Vorstellungen von Männlichkeit machen, jedoch zu lernen bereit sein sollten, dass der ›ganze Mann‹ nun einmal auch teuflisch agieren und trotzdem liebens- und begehrenswert sein kann.

Während die Marquise zeitweise emanzipatorische Züge entwickelt, auch wenn diese im Schlussbild wieder zurückgenommen werden und sie dankbar in ihre konventionelle Rolle zurückzukehren scheint, ist die Persönlichkeit des Grafen, der von allen geschätzt und geachtet wird, reaktionär. In ihm entwirft Kleist ein Männlichkeitsbild, das ebenso wirkungsmächtig wie auch bei genauerer Betrachtung kritikwürdig ist. Der Graf definiert die Frau als Liebesobjekt und bestimmt die Regeln des Ausdrucks seiner Gefühle, einmal in heißblütiger Eroberung, dann domestiziert in der Ehe. Sein sanftmütiges Verhalten, das er in der Werbung zeigt, ist Ausdruck seiner Reue, aber doch nur *ein* Aspekt seines Wesens.

Der Vater der Marquise

Der Kommandant beziehungsweise Obrist besetzt in der Erzählung die klassisch-patriarchalische Rolle. Er ist der Herr des Hauses und trägt sowohl im Beruf Verantwortung als auch die Verantwortung für seine Familie, die ihm unterstellt ist. Die Entschiedenheit, mit der das Familienoberhaupt die Lage kommentiert, als der unerwartete russische Sturmangriff eine Flucht der Frauen und Kinder aus dem Kommandantenhaus vereitelt, markiert sein Verständnis von Pflichtgefühl und gebotener Härte gegen sich und die Seinen: »Der Obrist erklärte gegen seine Familie, dass er sich nunmehr verhalten würde, als ob sie nicht vorhanden wäre« (S. 5f.).

In der sich im 18. Jahrhundert etablierenden Geschlechterordnung entspricht der Obrist dem bürgerlichen Männlichkeitsmodell: aktiv, auf die Gesellschaft hin orientiert, nicht emotional, strebsam. Aber obwohl er diese Vorgaben erfüllt, ist er doch eine scheiternde Figur. Es gelingt ihm nicht, dem Angriff der Russen standzuhalten, sondern er ergibt sich dem Grafen, worauf er, nachdem der Kampf schnell entschieden ist, nach eigener Aussage »nur gewartet« hat (S. 7).

Der Obrist agiert zwar in hausväterlicher Manier männlich und zeigt sich seiner Tochter gegenüber überlegen; tatsächlich aber stellt er sowohl durch sein Alter als auch durch seine Machtlosigkeit kein ›Bild von einem Mann‹ mehr dar. Privat sucht er diese Demütigung auszugleichen, indem er gegenüber seiner Familie umso herrschsüchtiger auftritt. Als ihm die Schwangerschaft seiner Tochter mitgeteilt wird, durchreißt er das Herzensband, das ihn an sie bindet, und benimmt sich ihr gegenüber wie ein Fremder. War es ihm nicht gelungen, sein Haus vor dem Feind zu schützen, so versucht er durch die Vertreibung der Tochter Autorität zurückzugewinnen. Auch ihre Kinder möchte er ihr entreißen; doch der Bruder, der vom »unmenschlichen Vater« (S. 31; so die nun doch aufbegehrende Tochter; vgl. auch S. 19) den entsprechenden Befehl bekommen hat, bringt diese letzte Grausamkeit nicht über sich. Seiner Gattin verbietet der nun auch in seiner innerfamiliären Autorität geschwächte Kommandant strengstens, Kontakt zur Tochter aufzunehmen. Freilich gehorcht sie ihm nur widerwillig und nicht auf Dauer; sie widersetzt sich ihm allerdings nicht öffentlich, ihrerseits darauf bedacht, die Form und seinen Status als Familienoberhaupt zu wahren.

Trotz solcher Loyalitätsbezeugungen ist nicht zu verkennen: Obwohl der Obrist eifrig darum bemüht ist, die Zügel in der Hand zu halten, entgleitet ihm die Herrschaft immer mehr. Er verliert nicht nur das Kommandantenhaus an die Russen, auch seine Tochter verliert er, weil er nicht in der Lage ist, ihr anders als von der erhabenen Herrscher- und Richterposition aus zu begegnen. Seine Frau ist ihm nur nach außen hin gefügig. In Wirklichkeit werden ihm alle Entscheidungen und Handlungen aus der Hand genommen. Die Versöhnungsszene mit ihrem eigentümlich inzestuösen Charakter ist nur ein weiterer Beweis für die Schwäche des Patriarchen. Von seinem Fehler überzeugt, vermag er sich nicht zu entschuldigen und in eine liebende väterliche Rolle zurückzufinden, sondern benimmt sich »gerade wie ein Verliebter!« (S. 47) Sein inadäquates Benehmen als Vater wird hier fast peinlich deutlich: Nachdem er zuvor völlig gefühlsarm gehandelt hat, lässt er sich nun zu zärtlichen Übertriebenheiten hinreißen. Nie begegnet er der Tochter als einem gleichwertigen Menschen. Er behandelt sie wie einen Besitz, verstößt sie als beschädigten Besitz und nimmt sie wieder in sein Haus, als wäre sie nicht sein Fleisch und Blut, sondern »das Mädchen seiner ersten Liebe« (S. 47).

Verglichen mit dem Grafen ist der Obrist eine hilflose Gestalt: Am Schluss der Erzählung ›verhökert‹ er seine Tochter, die so strikt gegen diese Ehe ist, an den ihm überlegenen

Vergewaltiger. Die väterliche Gewalt und die Lieblosigkeit des Vaters, der seiner Familie gegenüber despotisch agiert, aber als schwache Person gesellschaftlich in Abseits gedrängt wird, wird in der Erzählung eindringlich vorgeführt.

Die Mutter der Marquise

Die Obristin ist, oberflächlich betrachtet, ihrem Gatten ergeben. Sie agiert jedoch als Frau, die es geschafft hat, innerhalb der Grenzen ihrer sozialen Rolle Autorität zu erlangen. Wie ihre Tochter verfügt sie über einige Courage. Ihre Bindung zu ihrer Tochter wirkt weniger selbstbezogen als die des Vaters. Zwar betrachtet sie das Schicksal der Tochter auch aus dem Blickwinkel des sozialen Aufstiegs, weshalb sie die Eheschließung zwischen dem reichen russischen Grafen und ihrem Kinde eifrig begrüßt, obwohl sie weiß, dass der Mann nicht tadellos ist. Dennoch ist sie weniger negativ dargestellt als ihr Mann, der überhaupt nicht in der Lage ist, sich emotional auf Menschen einzulassen. Für die Mutter spricht, als die Tochter ungeachtet ihres reinen Gewissens um eine Hebamme bittet, ihre abgestufte, elterliche Empathie und klare moralische Wertmaßstäbe miteinander verbindende Reaktion:

> Was ist es, das dich beunruhigt? fragte die Mutter. Ist es weiter nichts, als der Ausspruch des Arztes? Weiter nichts, als dein innerliches Gefühl? [...] Nichts, Julietta? fuhr die Mutter fort. Besinne dich. Ein Fehltritt, so unsäglich er mich schmerzen würde, er ließe sich, und ich müsste ihn zuletzt verzeihn; doch wenn du, um einem mütterlichen Verweis auszuweichen, ein Märchen von der Umwälzung der Weltordnung ersinnen, und gotteslästerliche Schwüre häufen könntest, um es meinem, dir nur allzu gern gläubigen, Herzen aufzubürden: so wäre das schändlich; ich würde dir niemals wieder gut werden. (S. 27 f.)

Die Mutter ist also eigener Aussage nach in der Lage, Fehltritte zu verzeihen; allein bewussten Verrat an ihrer Mutterliebe wäre sie nicht zu dulden gewillt. Ihr kurz darauf erfolgender Abfall von der Tochter zeigt zwar, dass auch bei ihr gesellschaftliches Kalkül über emotionale Bindung siegen kann; doch ist sie den Regeln der Gesellschaft weniger sklavisch unterworfen als ihr Mann, auch wenn sie, ihrer Rolle entsprechend, vor ihrem Gatten die Gehorsame mimt. Tatsächlich aber fasst sie gegen sein Verbot den Entschluss, ihre Tochter zu prüfen, und versöhnt sich mit ihr, ohne nach seiner Erlaubnis zu fragen. Dass dies eine existenzielle Entscheidung sein kann, ist ihr wohl bewusst. Sie geht das damit verbundene Risiko sehenden Auges ein: »Ich biete der ganzen Welt Trotz; ich w i l l keine andre Ehre mehr, als deine Schande; wenn du mir nur wieder gut wirst, und der Härte nicht, mit welcher ich dich verstieß, mehr gedenkst.« (S. 44) In der Unerbittlichkeit, mit der sie, gegen den Protest der Tochter, nach der Rückkehr ins Elternhaus darauf besteht, dass der Vater die Marquise um Verzeihung bittet, ist sogar der Wunsch zu spüren, dem Familienoberhaupt eine Lehre zu erteilen und Revanche für eigene Demütigungen zu nehmen:

> Er soll dir abbitten, fuhr Frau von G… fort. Warum ist er so heftig! Und warum ist er so hartnäckig! Ich liebe ihn, aber dich auch; ich ehre ihn, aber dich auch. Und muss ich eine Wahl treffen, so bist du vortrefflicher, als er, und ich bleibe bei dir. (S. 46)

Das sind für die Empfindung der Zeitgenossen zweifellos starke (unerhörte) Worte; und auch in ihrer unverkennbaren Begünstigung der Idee einer Heirat zwischen dem Grafen und ihrer verwitweten Tochter mag eine gewisse heimliche Opposition gegen ihren Mann eine Rolle spielen, der sich dem

Ilse Ritter als Obristin und Kathrin Angerer als Marquise in Frank Castorfs Inszenierung an der Berliner Volksbühne (2012).

Grafen, wie er selbst sagt, gleich zweimal »ergeben« muss (S. 22). Stärker wirkt hier aber sicher der für die Rollenzuschreibungen um 1800 vollkommen normengerechte mütterliche Wunsch, ihre Tochter noch einmal unter die Haube zu bringen, insofern sie eine ›glänzende Partie‹ machen kann. Der mütterliche Ehrgeiz lässt dabei die mütterliche Sorge um das emotionale Wohl der Tochter in den Hintergrund treten. Mit dem Grafen als Schwiegersohn ist die Obristin deshalb so überaus zufrieden, weil er gesellschaftliche Anerkennung garantiert. Dass er ihre Tochter verletzt hat, scheint sie auffällig wenig zu interessieren. Als er sich als der Vater des Kindes und damit zumindest indirekt als Vergewaltiger zu erkennen gibt, zeugt die Reaktion der Obristin von keiner sonderlichen Erschütterung und Abscheu:

> Wen sonst, rief die Obristin mit beklemmter Stimme, wen sonst, wir Sinnberaubten, als ihn –? Die Marquise stand

> starr über ihm, und sagte: ich werde wahnsinnig werden, meine Mutter! Du Törin, erwiderte die Mutter, zog sie zu sich, und flüsterte ihr etwas in das Ohr. Die Marquise wandte sich, und stürzte, beide Hände vor das Gesicht, auf den Sofa nieder. Die Mutter rief: Unglückliche! Was fehlt dir? Was ist geschehn, worauf du nicht vorbereitet warst? (S. 50)

Wie konnten wir nur so blind sein! Das scheint alles zu sein, was der Obristin zu dem stummen Geständnis des Vergewaltigers einfällt. Entsprechend verwundert es nicht, dass der Graf in dieser schicksalhaften Szene »nicht von der Seite der Obristin« weicht (S. 50), die seine wertvollste Fürsprecherin ist. Letztendlich ist es auch ihrem Engagement zu verdanken, dass das verheiratete Paar binnen eines Jahres tatsächlich sexuell zusammenfindet. Nachdem der Graf nach der Taufe seines Sohns diesen und seine Frau in großzügiger Weise für die Zukunft finanziell abgesichert hat, wird er »auf Veranstaltung der Frau von G…, öfter eingeladen« (S. 53). Auf diese Weise forciert sie den Umgang des Paares, bis ihre Tochter ihren inneren Widerstand gegen ihren Mann aufgibt.

Nach außen hin entspricht die Obristin der konventionellen Genderrolle. Hinter der Fassade der mustergültigen Mutter und Gattin verbirgt sich jedoch eine ehrgeizige und gewiefte Person, in der überdies Herz und Verstand stets um die Vorherrschaft streiten. Der Verstand gibt ihr vor, sich von ihrer Tochter loszusagen, denn die Schwangerschaft spricht dafür, dass sie nicht nur unkeusch gelebt, sondern ihre eigene Mutter darüber hinaus auch noch belogen hat. Das Gefühl jedoch zieht sie wieder zu ihrer Tochter hin, die sie als aufrichtig und liebenswert kennt. Das emotionale Bedürfnis, sich mit ihrer Tochter, der sie eigentlich nichts Schlechtes zuzutrauen vermag, wieder zu versöhnen, wird insofern vom Verstand kontrolliert, als sie ihre Tochter erst durch eine List prüft, bevor sie ihr verzeiht beziehungsweise selbst um Verzeihung bittet.

Am deutlichsten wird ihre Eigenständigkeit nach der Feststellung der Unschuld ihrer Tochter. Hier reagiert die Mutter einmal völlig emotional und rebelliert gegen gesellschaftliche Werte. Indem sie der Tochter schwört, sie gegen die Welt zu verteidigen, verlässt sie den engen Rahmen der Weiblichkeitsrolle. Insofern ist sie eine weitaus charaktervollere Figur als ihr Mann, der sich von gesellschaftlichen Normen nicht nur leiten lässt, sondern ihnen stetig unterworfen bleibt.

Der Bruder der Marquise

Der Forstmeister repräsentiert wie sein Vater die bürgerliche Moral. In der hierarchischen Ordnung der Familie fällt ihm die Aufgabe zu, die Befehle des Vaters zu exekutieren. Nach der Feststellung der Schwangerschaft seiner Schwester ist er es, der sie in Vertretung des Vaters fortschickt: »Sie mochte wohl schon einige Minuten hier gelegen haben, als der Forstmeister […] hervortrat, und zu ihr mit flammendem Gesicht sagte: sie höre dass der Kommandant sie nicht sehen wolle.« (S. 31) Er wird auch mit der Aufgabe betraut, ihr die Kinder zu nehmen:

> Sie hatte eben ihr Kleinstes zwischen den Knien, und schlug ihm noch ein Tuch um, um nunmehr, da alles zur Abreise bereit war, in den Wagen zu steigen: als der Forstmeister eintrat, und auf Befehl des Kommandanten die Zurücklassung und Überlieferung der Kinder von ihr forderte. Dieser Kinder? fragte sie; und stand auf. Sag deinem unmenschlichen Vater, dass er kommen, und mich niederschießen, nicht aber mir meine Kinder entreißen könne! (S. 31)

In dieser Szene wird deutlich: Während die Marquise eine eigenständige Persönlichkeit besitzt, ist ihr Bruder nur das Echo der väterlichen Moralvorstellungen. Er hat keine eigenen Standpunkte, und ihm gelingt es auch nicht Persönlichkeit zu zeigen. Der Erklärung des Grafen, seine Schwester trotz ihrer Schwangerschaft heiraten zu wollen, steht er verständnislos gegenüber: »Der Forstmeister sagte: er sehe mit Bedauern, dass seine Leidenschaft für die Marquise ihn seiner Sinne beraube.« (S. 37) Während es der Mutter gelingt, die Verstoßung ihrer Tochter zu überdenken, und der Vater die Marquise mit der vollen Wucht seines verletzten Vaterstolzes fallen lässt, bleibt der Bruder innerlich lau. Er verfügt in seinen Ansichten und Meinungen über keine Individualität. Er handelt genauso, wie man es ihm aufgibt. Seine kalte Haltung gegenüber der Marquise spiegelt allein gesellschaftliche Wertesysteme und keine selbstgefassten Entscheidungen wider. Im weiteren Verlauf der Geschichte, als sich die Unschuld der Marquise herausstellt, tritt der Bruder folgerichtig auch nicht mehr handelnd in Erscheinung, er bleibt stiller Beobachter.

Im Geschwisterverhältnis übernimmt die durch den Schock ihrer Schwangerschaft zur Persönlichkeit gereifte Marquise gleichsam die männliche Rolle. Sie verlässt das elterliche Haus und lebt ihr eigenes Leben. Der Bruder ist eine effeminierte, schwache Figur, die nur in dienender Funktion vorkommt. Er bleibt in Abhängigkeit vom Vater und verkörpert den von der Hebamme erwähnten »Leumund der Welt« (S. 30).

Leopardo

Der Jäger Leopardo, der zum Dienstpersonal der Kommandantenfamilie gehört, hat keine eigenständige Rolle. Jedoch kommt ihm innerhalb der Figurenkonstellation der Erzählung ein hoher symbolischer Wert zu. Er steht für eine Art minderwertige, sinnliche Männlichkeit, so wie der Bruder der Marquise für die gesellschaftlichen Normen steht. Leopardo wird von der Obristin als Mittel benutzt, um ihre Tochter zu prüfen. Als sie nämlich behauptet, dass er der unbekannte Vater des Kindes ist, erwartet sie, dass die Marquise entrüstet widerspricht: zum einen, weil sie es, so die Vermutung der Mutter, besser weiß; zum anderen, weil Leopardo kein angemessener Heiratskandidat ist. Gerade deshalb wählt ihn die Mutter aus. Während der schwächliche, gesellschaftskonforme Bruder als Gegenfigur zu seiner starken und der Gesellschaft mit Stolz gegenüberstehenden Schwester gelesen werden kann, bildet der im Rang niedrig stehende, als Vergewaltiger bezichtigte Jäger einen Gegensatz zu dem strahlenden Grafen. Alles, was den Graf als Mann ausweist, Bildung, Reichtum, gute Manieren, fehlt Leopardo. Obwohl er, objektiv betrachtet, keine negative Figur ist, dient er doch als Negativfolie, vor der der faktische Erzeuger des Kindes mit seinem Adel, seinem Auftreten und seinem Reichtum positiv hervorsticht. In der symbolischen Figur Leopardos als einfachem Mann aus dem Volk illustriert die Erzählung die konventionelle gesellschaftliche Perspektive mit ihren vordergründigen Werturteilen.

3 Gehalt

Kleists Erzählung verfügt über mehrere Ebenen. Sie hat, wie alle großen Kunstwerke, nicht *eine* konkrete, privilegierte Bedeutung, sondern verschiedene, miteinander verknüpfte Bedeutungsschichten. Kleist formuliert darin seinen Skeptizismus, was Empfindungen und deren wahrhaftigen Ausdruck anbelangt. Das Problem, durch Sprache seelische Vorgänge abzubilden, steht neben dem ganz vordergründigen Problem der Erkennbarkeit von Wahrheit und der Frage, wie sinnvoll sich die Welt für den Einzelnen gestaltet. Diese Frage wird auf mehreren Ebenen angesprochen.

Einbruch des Kriegs

Ein ganz konkreter Gehalt des Texts ist die Auseinandersetzung mit dem Krieg und der damit einhergehenden Verrohung der Menschen. Der Kommandant erklärt, keine Rücksichten auf seine Familie nehmen zu können, als die Russen angreifen. Die russischen Soldaten werden als zügellos und brutal dargestellt. Für die zeitgenössischen Leser waren Krieg und Zerstörung allgegenwärtige Erfahrungen. Preußen war eben erst von Napoleon besiegt und besetzt, territorial amputiert und als Staat gedemütigt worden. Bei dem Krieg, auf den der Text anspielt, handelt es sich um den zum Zeitpunkt der Veröffentlichung des Texts nur ein paar Jahre zurückliegenden sogenannten Zweiten Koalitionskrieg (1798–1802), in dem die Verbündeten Österreich und Russland die Franzosen zwischenzeitlich aus Oberitalien zurückdrängten. Die fiktionale Gestaltung nicht weit zurückliegender historischer Ereignisse bezeichnet die Geschichtswissenschaft als parahistorische Aneignung. Im Falle der *Marquise von O…* besteht die parahistorische Aneignung darin, dass die russischen Soldaten als besonders roh und das Kriegsrecht missachtend beschrieben werden. Zwar werden der russische Offizier, Graf von F…, und der General (vgl. S. 8 f.), der höchstwahrscheinlich dem historischen Vorbild General Alexander Michailowitsch Rimski-Korsakow (1753–1840) nachgezeichnet ist, als Edel- und Ehrenmänner dargestellt. Dennoch bleiben die Russen im Text suspekt – so erscheint die Anordnung der Erschießung der fünf Männer nach knappem Verhör als ein Akt der Gerechtigkeit, der kaum weniger barbarisch anmutet als das Vergehen, das ihnen zur Last gelegt wird. Historische Fakten mischen sich mit rassistischen Stereotypen und etablieren so eine Alternativweltgeschichte, in der die Russen als Vergewaltiger und Eindringlinge ins vermeintliche Idyll denunziert, nicht als Befreier gesehen werden.

Die Selbstfindung der Frau in der patriarchalisch dominierten Gesellschaft

Eine weitere Bedeutungsebene des Texts ist die Selbstfindung der Marquise. Ihr Entschluss, ihr Schicksal selbst in die Hand zu nehmen und sich von den Ungerechtigkeiten und Unwägbarkeiten des Lebens nicht überwältigen zu lassen, beeindruckt und macht die Hauptfigur zur Heldin. Allerdings ist zu fragen, ob die Selbstfindung der Marquise nicht wesentlich darin besteht, die Bilder zu brechen, die sich der Vater, der Graf, die Mutter, die Hebamme von ihr machen.

Auch wenn der Text diese Frage nicht hinreichend beantwortet, zeigt er doch, dass die Frau als Opfer der männlichen Gesellschaft gesehen werden kann. Vorgeführt wird, dass die Verletzung der Persönlichkeitsrechte der Frau durch die Vergewaltigung weniger schwer wiegt als die Verletzung des Eigentumsrechts des Vaters in Bezug auf den keuschen Körper seiner Tochter. Obwohl die Marquise die leiblichen Folgen der Untat trägt, ist es der Vater, der sich als der am schwersten Geschädigte aufführt, während die Marquise ihr Schicksal demutsvoll annimmt. Sie wird sowohl vergewaltigt als auch noch mit der Schande dafür belegt.

Aus der Ungerechtigkeit der gesellschaftlichen Verhältnisse zieht sie jedoch positive Kräfte, indem sie sich, zumindest zeitweise, zum Subjekt ihrer Handlungen erhebt. Sie verlässt erhobenen Hauptes das Haus des Vaters, nimmt ihre Kinder, für die sie weiter die Verantwortung tragen will, mit sich und stellt sich der Herausforderung ihrer dritten, ungewöhnlichen und unerklärlichen Schwangerschaft. So wird sie zur tragischen Heldin und befreit sich – allerdings nur für begrenzte Zeit – aus der Vormundschaft der Männer, die eigentlich berechtigt sind, ihr den Weg zu weisen. Sowohl dem Vater als auch ihrem Ehemann diktiert sie die Bedingungen des weiteren Zusammenlebens auf.

Kritik an den Geschlechterrollen

Neben einem proto-feministischen (also feministische Theorie antizipierenden, vorwegnehmenden) Gehalt zeigt die Erzählung, dass die bürgerliche Gesellschaft des 18. Jahrhunderts zwar eine Verdrängung der Frau aus der öffentlichen Sphäre forciert hat, die Geschlechter- und Gesellschaftsordnung aber auch darauf basierte, dass die Frau im privaten Bereich unmerklich die Fäden in der Hand hielt. Die Frauen stützten damit unbewusst jene Geschlechterverhältnisse, die sie offenkundig benachteiligten. Warum handelten sie so gesellschaftskonform? Gibt es ein dem Menschen inhärentes Bedürfnis, sich in der Enge seiner Existenz einzurichten, ohne das Wagnis auf sich zu nehmen, seine Situation zu ändern?

An der Figur der Mutter wird diese aktive Annahme und das Austarieren der eigentlich schwächeren Position deutlich. Indem sie den häuslichen Frieden wiederherstellt, zeigt sie sich einerseits als aktiv Handelnde; anderseits ist das Ziel ihres Handelns aber weiterhin die Stützung der bürgerlichen Kleinfamilie. Als eine Komplizin des Systems erweist sich auch die Hebamme. Ganz lebenspraktisch versucht sie Lösungen aufzuzeigen, wie die Marquise ihr Kind in Heimlichkeit gebären kann, ohne aus der gesellschaftlichen Ordnung herauszufallen. Die lebensklugen Frauen sind jedoch in ihrer pragmatischen Haltung keineswegs emanzipiert, sie unterwerfen sich dem System, indem sie lediglich dessen Lücken nutzen. Die bürgerliche Kleinfamilie wird in dieser Erzählung keineswegs destruiert. Die Verlogenheiten und Grenzen dieses gesellschaftlichen Mikroorganismus werden zwar sichtbar, der Text nimmt aber die Gesellschaftsordnung als gegeben und trotz ihrer Ambivalenzen als geradezu unabänderlich hin. Der Sieg der Marquise besteht ja eigentlich darin, sich den Platz in der Gesellschaft, die sie verstoßen hat, zurückzuerobern.

Marc Hosemann (Graf F...) und Kathrin Angerer (Marquise von O...) in Frank Castorfs Inszenierung von Kleists Erzählung an der Berliner Volksbühne (Premiere: März 2012).

Psychoanalytische Aspekte

Ältere Interpretationen der *Marquise von O…* haben auch die psychoanalytische Relevanz der Erzählung betont. Diese Deutungen, die danach fragen, ob die Marquise nicht unterbewusst die Identität ihres Vergewaltigers kennt, und ob das Vater-Tochter-Verhältnis, gerade bezogen auf die Versöhnungsszene, nicht als inzestuös entschlüsselt werden muss, sind inzwischen in den Hintergrund getreten. Kleist selbst konnte mit Theorien der Psychoanalyse, die erst rund hundert Jahre später entstanden, naturgemäß nicht vertraut sein. Das spricht nicht gegen eine psychoanalytische Herangehensweise, die ja nicht anstreben würde, Kleists bewusste Absichten zu ermitteln. Da aber der Erzähler so wenig Einblick in die Psyche seiner Figuren gewährt, müssen psychoanalytische Deutungen sich auf ganz wenige Indizien stützen, was gegen diese Methode spricht. Die Äußerung der Marquise, als der

Graf sie auf ihrem Landgut aufsucht, sie *wolle nichts* wissen, (vgl. S. 36), wurde mehrfach als Eingeständnis gedeutet, dass sie eben doch ein, wenn auch verdrängtes Wissen über den Vater ihres Kindes habe. Jedoch wird »wissen« um 1800 auch im Sinne von »davon hören« gebraucht. Die Marquise sagt also vermutlich sinngemäß lediglich: »Bitte schweigen Sie!« Daraus ein Eingeständnis des Wissens um den Hergang der Vergewaltigung abzulesen, ist gewagt.

Trotzdem haben psychoanalytische Interpretationen der Erzählung einiges für sich: Sie zeigen, wie schwer es ist, die Motive menschlichen Handelns und die Einstellungen von Menschen gegenüber anderen Menschen auszuloten. Kleist interessierte sich sehr für das Unbewusste im Menschen, das beispielsweise in seinen Stücken *Amphitryon*, *Das Käthchen von Heilbronn* und *Prinz Friedrich von Homburg* eine zentrale Rolle spielt; und alle seine Werke dramatisieren auf je eigene Weise die Undurchschaubarkeit der Welt. Kleist hätte daher eine psychoanalytische Interpretation seiner Erzählung selbst möglicherweise nicht abgelehnt.

Sozialgeschichtlicher Aspekt

Auch auf sozialgeschichtlicher Ebene stellt sich die Frage nach Sinn und Unsinn der Weltordnung. Dass der Graf als Vergewaltiger derart großzügig vom Schicksal belohnt wird, indem er die schöne Frau und viele Söhne gewinnt, während die gemeinen Soldaten ihr sträfliches Vorhaben so bitter zu büßen haben, belegt, dass bei der Beurteilung der Handlungen einer Person immer auch ihre Stellung in der Welt eine Rolle spielt. Der ironische Hinweis, dass noch eine »ganze Reihe von jungen Russen« geboren wurde (S. 53), betont die sexuelle Bereitschaft der Frau gegenüber einem gesellschaftlich anerkannten Mann. Die Marquise, die ihren Gatten ungefähr ein Jahr hat schmoren lassen, ist nun eine gefügige und gebärfreudige

Johann Heinrich Füssli (1741 bis 1825): »Nachtmahr« (1802).

Gattin. Der kritische, spöttische Unterton ist nicht sehr laut, doch gerade in Hinsicht auf die nach männlichen Bedürfnissen eingerichtete Sexualmoral ist er doch zu vernehmen – selbst wenn die nunmehrige Gräfin nichts davon wissen will, um das eigene Verhalten nicht hinterfragen zu müssen.

Kritik am bürgerlichen Familienmodell

Kleist zeigt an der Marquise nicht nur, wie ungewisse Schicksalsfäden ein Subjekt isolieren können, sondern auch die Unzuverlässigkeit des familiären Verbands. Die schwangere Marquise, die über die Entstehung ihrer Schwangerschaft keine Auskunft geben kann, wird von den Ihren verstoßen. In der Erzählung drückt sich ein tiefes Misstrauen gegenüber dem aus, was uns als Wahrheit erscheint; doch mehr noch wird in ihr ein Misstrauen gegenüber sozialen und emotionalen Bindungen formuliert. Gerade auch in der Familie werden die Grenzen der Kommunikation(sfähigkeit) sichtbar. Die Figuren können sich und die Wahrheit nicht einfach erkennen oder aussprechen. Sie sind durch die Schranken ihrer Kommunikationsfähigkeit, durch begrenztes Wissen über die tatsächlichen Vorgänge und durch subjektive Scheu nicht in der Lage, sich einander mitzuteilen oder einander zu verstehen. Aus dieser Situation entstehen alternative, geradezu groteske Formen der Kommunikation. Exemplarisch zeigt das der Versuch der Marquise, den Vater ihres Kindes über eine Zeitungsannonce ausfindig zu machen. In seiner Merkwürdigkeit unterstreicht er das Merkwürdige menschlichen Miteinanders. Nicht zuletzt auch im Rahmen des Familienverbunds wird überdies das prekäre Verhältnis der Geschlechter in der *Marquise von O…* zur Anschauung gebracht.

IV Exemplarische Interpretationen

1 Wie frei ist die Marquise von O...?

Freiheit ist in der feministischen Theorie eines der wichtigsten Konzepte. Was man unter Freiheit zu verstehen habe, beschäftigt die Philosophie seit mehreren tausend Jahren. Der allgemeine Begriff der Freiheit wird dabei aber meist auf den Mann bezogen, der dann das Allgemein-Menschliche repräsentiert. In der *Marquise von O...* haben wir es jedoch mit dem Problem weiblicher Freiheit zu tun. Während die Marquise als Tochter, Ehefrau, Mutter und Witwe unfrei ist und in festgefügten Rollen handeln muss, wird ihr durch die Schwangerschaft eine Freiheit ›geschenkt‹, die in dem Ausschluss aus der bürgerlichen Gesellschaft besteht. Plötzlich werden ihr die herkömmlichen Rollen verweigert: Sie gilt nicht mehr als Tochter, nicht mehr als keusche Witwe und eigentlich auch nicht mehr als treusorgende Mutter. Kann die Marquise dieser negativen Freiheit (der Freiheit *von etwas*) eine Form positiver Freiheit (der Freiheit *zu etwas*) entgegensetzen? Einiges im Text spricht dafür.

Mit dem Abschied aus der Kleinfamilie erwacht ihr Selbstbewusstsein. Dass sie den Status der Tugendhaften, der Unberührbaren, der Heiligen, als die sie in der Erzählung eingeführt wird, in der Wahrnehmung der anderen verloren hat, hält sie nicht davon ab, sich zur Wehr zu setzen. Um jeden Preis möchte sie vermeiden, das Kind unter ihrem Herzen als unehelichen Bastard auf die Welt zu bringen. Diejenige, die bisher nie selbstbestimmt lebte, wird nun zu einer entschlossen Handelnden. Sie zieht sich auf ihr Landgut zurück, geht der Gesellschaft aus dem Weg, gibt aber selbstbewusst ihre Schwangerschaft durch die Zeitungsannonce bekannt. Die Gefahr, sich dadurch zum Gespött zu machen (vgl. S. 5), nimmt sie in Kauf. Die Marquise handelt rational und versinkt angesichts des Schicksalsschlags nicht in seelischem Schmerz oder religiösem Wahn. Ihre bescheidene, demutsvolle Art kommt ihr in ihrer Lage zugute:

> Sie beschloss, sich ganz in ihr Innerstes zurückzuziehen, sich, mit ausschließendem Eifer, der Erziehung ihrer beiden Kinder zu widmen, und des Geschenks, das ihr Gott mit dem dritten gemacht hatte, mit voller mütterlichen Liebe zu pflegen. (S. 32)

Da sie von ihrer Unschuld überzeugt ist, kann sie der Welt die Stirn bieten. Sie stellt die Interessen ihrer Kinder über ihre eigenen. Für die Marquise ist Mutterschaft nicht einfach nur weibliches Schicksal, sondern eine selbstbewusste Entscheidung, um ihrem Leben Sinn zu verleihen. Daher sieht sie das so rätselhaft empfangene Kind auch als »Geschenk« Gottes an. Ihr macht es nichts aus, fern von der Welt zu leben, doch als gute Mutter ist sie auf die Ehre ihrer Kinder bedacht.

Die Emanzipationsleistung, durch die es ihr gelingt, sich über ihre Lage zu erheben, macht sie zumindest für einen gewissen Zeitraum zu einer selbstständigen Person, die ihre eigenen Entscheidungen trifft und selbst für sich sorgt. Als neue, gefestigte Persönlichkeit hält sie den Grafen auch nach der Hochzeit noch eine Zeitlang auf Distanz, bis sie die Enttäuschung, die er ihr bereitet hat, überwunden hat. Der mit Schuld Beladene muss sich nach ihren Wünschen und Vorgaben richten, die Dominanz im Geschlechterverhältnis verkehrt sich zu ihren Gunsten. Der Graf wird in dem ersten Jahr der Ehe gewissermaßen entmännlicht. Seine Unterordnung gelingt, weil er sich anscheinend in die Marquise verliebt hat. Die Konstruktion einer Liebe, die aus fehlgeleitetem Begehren und Schuld erwächst, mutet zwar unwahrscheinlich an; in der Erzählung aber zeigt sich eine Frau, die dem Schicksal mutig entgegentritt, der Liebe würdiger als ein passives Opfer.

Das glückliche Ende – der Erweis ihrer reinen Sittlichkeit und Unschuld und die Heirat mit dem ja letztlich doch geliebten Mann – hat sich die Marquise der Erzähllogik nach durch ihr Verhalten verdient. Doch muss dieses Happy End nicht auch als Scheitern ihres Freiheitsanspruchs gelesen werden?

Die Entmündigung, in der Frauen um 1800 durch die strikten gesellschaftlichen Rollenvorgaben lebten, hatte zur Folge, dass sie in Situationen, in denen sich die Familie von ihnen lossagte (man denke etwa an Gretchens Verwünschung durch ihren Bruder Valentin in Goethes *Faust*-Tragödie, deren erster Teil wie die Zeitschriftenfassung von Kleists Erzählung 1808 herauskam), ihre neu gewonnene Freiheit keineswegs als Handlungsoption sahen, sondern sich danach sehnten, um jeden Preis ihren verlorenen Status wiederzuerlangen. Da sie nie gelernt hatten, frei zu agieren, war Freiheit für Frauen auch kein kostbares Gut. Diese Unterwerfung unter die gesellschaftlichen Spielregeln zeigt sich im Verhalten der Hebamme und der Mutter. Eine dieser Spielregeln ist, dass die im Witwenstand schwanger werdende Frau ihren Zustand um jeden Preis verhehlen soll. Dafür weiß die Hebamme Mittel und Wege; keinesfalls aber sind das Wege, die die Frau frei machen, sondern solche, die sie im Rahmen der gängigen Moral in Unfreiheit halten. Der Existentialismus, eine philosophische Denkrichtung des 20. Jahrhunderts, definiert den Mensch allgemein als ein Wesen, das vor das Problem gestellt ist, wie es mit seiner Freiheit umgehen soll. Viele wählen freiwillig die Versklavung, um sich nicht selbst mit Gefahren und Hindernissen auseinandersetzen zu müssen. Wäre die Marquise eine solche Sklavenseele, zu der sie durch ihre Erziehung eigentlich prädestiniert ist, hätte sie nach der Bestätigung ihrer

Schwangerschaft durch die Hebamme im Beisein der Mutter dieser wider besseres Wissen eine erfundene Erklärung aufgetischt, die sie als Opfer einer Vergewaltigung durch einen unbekannten Täter gezeigt hätte. Der Wahrheit wäre sie damit sehr nahe gekommen. Doch ihre Aufrichtigkeit lässt eine solche Ausflucht nicht zu. Sie hätte sich so vielleicht die Unterstützung ihrer Angehörigen gesichert, aber nicht zu sich selbst gefunden. Sie nimmt ihr rätselhaftes Schicksal an und bejaht die ihr durch ihre Verstoßung aufgezwungene Freiheit.

Doch zweifellos wird sie in dem Moment, in dem sie von der Gesellschaft wieder aufgenommen wird, erneut unfrei. Allerdings hat sie die Bedingungen ihrer Rückkehr in den Kreis der Gemeinschaft zumindest selbst diktiert. Der aus der »selbstverschuldeten Unmündigkeit«, so der Philosoph Immanuel Kant, heraustretende Mensch steht vor der Aufgabe, seine neu gewonnene Mündigkeit auch zu nutzen. Ob diese zentrale Forderung der Aufklärung auch für Frauen gelte, war allerdings umstritten. Die Anthropologen des 18. Jahrhunderts nahmen an, dass Frauen entweder weniger Verstand als der Mann oder gar keinen besäßen, sodass sie weiterhin in Unmündigkeit gehalten werden sollten. Kleist hingegen zeigt eine Frau, die sich selbst für mündig erklärt, die sich ihren Ehemann wählt, die ihr Kind, das außerehelich empfangen wurde, zu lieben und zu achten, nicht aber zu verstoßen gedenkt; eine Frau, die die gesellschaftlichen Regeln, auch die der Mutterschaft, zumindest ansatzweise für sich neu definiert. Die Größe, die ihr dabei zuwächst, kommentiert der Erzähler mit unverhohlener Zustimmung:

> Durch diese schöne Anstrengung mit sich selbst bekannt gemacht, hob sie sich plötzlich, wie an ihrer eigenen Hand, aus der ganzen Tiefe, in welche das Schicksal sie herabgestürzt hatte, empor. (S. 32)

Die Marquise entkommt den patriarchalischen Fesseln. Sie zeigt sich als Frau von Verstand. Der Erzähler attestiert der Marquise sogar einen starken Verstand (vgl. S. 32), womit er die gängigen Geschlechtervorstellungen seiner Zeit durchbricht. Ihr Beispiel führt vor, dass Frauen sowohl intelligent als auch stark genug sein können, Hindernissen im Leben entgegenzutreten, und sehr wohl in der Lage, Freiheit zu schätzen und sinnvoll neu auszugestalten.

Doch die Freiheit der Frau, so zeigt das sonderbare Happy End der Geschichte, ist immer eine gefährdete. Wir haben es keineswegs mit einer umfassenden Emanzipation zu tun – doch wie sollte diese im 18. Jahrhundert auch aussehen? Nachdem die Marquise ihren ehrenvollen Platz in der Gesellschaft zurückgewonnen hat, kann sie zwar ein Jahr lang noch ihr Schicksal selbst bestimmen, erliegt dann aber wieder vollständig dem gesellschaftlichen Druck. Die patriarchalisch definierte Gesellschaft kann die Freiheit, die die Marquise sich für kurze Zeit erobert hat, nicht mehr gewähren, sobald sie wieder das herkömmliche Rollenverhalten für sich akzeptiert. Ihr Körper wird wieder zum Besitz des Mannes. Sie gibt sich hin. Die Tragik der Marquise besteht darin, dass Freiheit für Frauen als Mutter und Ehefrau nicht existiert. Auch mit dieser Erkenntnis kommt die Erzählung existentialistischen Positionen nahe, da Existentialistinnen des 20. Jahrhunderts eben dieses Ehegefängnis als Falle für die Frauen ansahen: Wenn sich Frauen den bürgerlichen Rollen verweigern würden, dann könnten sie vielleicht (wie die Marquise für kurze Zeit) selbstbestimmt leben; wenn sie die ihnen zugedachten Rollen aber uneingeschränkt annehmen – was bei der Marquise dadurch geschieht, dass sie ihr Jawort nun auch zum ehelichen Beischlaf gibt –, dann zerbricht die Chimäre einer mündigen, freien Existenz. Was in einer ›bürgerlichen Lesart‹ als Happy End der *Marquise von O…* bezeichnet werden kann, ist existentialistisch gesehen das Scheitern von weiblicher Freiheit. »Eine ganze Reihe von jungen Russen folgte jetzt noch dem ersten«, heißt es am Ende vielsagend (S. 53). Dass die Kinder alle männlich sind und die Nationalität des Ehemanns aufweisen, kann als Zeichen für nunmehr wieder unangefochtene männliche Dominanz gedeutet werden. Die Gräfin wird offenbar mit einem Kind nach dem anderen schwanger, welche ›naturgemäß‹ aufeinander folgen. Auf Willensfreiheit, was die Frequenz ihrer Schwangerschaften betrifft, deutet das nicht. Vielmehr zeigt sich, dass das Schlussidyll durch die Aufgabe weiblicher Autonomie erkauft ist.

Du sagst, nur Männer besäßen diese uneingeschränkte Freiheit des Willens, Dein Geschlecht sei unauflöslich an die Verhältnisse der Meinung und des Rufs geknüpft. – Aber ist es aus Deinem Munde, daß ich dies höre? Bist Du nicht ein freies Mädchen, so wie ich ein freier Mann? Welcher andern Herrschaft bist Du unterworfen, als allein der Herrschaft der Vernunft?

Aber dieser sollst Du dich auch vollkommen unterwerfen. Etwas muß dem Menschen heilig sein. Uns beide, denen es die Ceremonien der Religion und die Vorschriften des conventionellen Wohlstandes nicht sind, müssen um so mehr die Gesetze der Vernunft heilig sein. [...]

[...] Es scheint mir, [...] als ob Du bei Dir entschieden wärest, Dich nie zu verheirathen. Wie? Du wolltest nie Gattinn und Mutter werden? Du wärst entschieden, Deine höchste Bestimmung nicht zu erfüllen, Deine heiligste Pflicht nicht zu vollziehen? [...] gieb jenen unseeligen Entschluß auf, wenn Du ihn gefaßt haben solltest. Du entsagst mit ihm [...] der erhabensten Würde, zu welcher ein Weib emporsteigen kann, dem einzigen Glücke, das Deiner wartet.

Brief Kleists an seine Schwester Ulrike vom Mai 1799 (SB, S. 41–44).

Julietta (Lavinia Wilson) auf den Schultern von Jiri (Matthias Koeberlin) in Christoph Starks Spielfilm »Julietta« nach Kleist.

2 Welche Rolle spielt die ›Zufälligkeit des Daseins‹ in der »Marquise von O...«?

Dass Kleists Erzählung auf die zeitgenössischen Leser und Leserinnen teilweise befremdlich wirkte, liegt auch daran, dass der Text so wenig eindeutig ist und keine klare Lesart vorgibt. Er entstand an der Schwelle zum 19. Jahrhundert. Der Aufklärungsoptimismus des 18. Jahrhunderts hatte sich verflüchtigt. Glaubten sich die Frühaufklärer noch unter der Obhut eines wohlwollenden Gottes, der alles zum Besten des Menschen eingerichtet hat, breiteten sich nun Zweifel an der Sinnhaftigkeit des menschlichen Lebens aus. Reflektierende Menschen wie Philosophen und Künstler empfanden immer stärker die Kontingenz des Daseins, also die Zufälligkeit aller Ereignisse, die ins Leben eines Menschen eingreifen. Das alte Vertrauen, dass hinter allen Wechselfällen des Lebens ein göttlicher Heilsplan stehe, schwand. Die Eigeninitiative des

Menschen rückte stattdessen in den Vordergrund. Ohne den Rückhalt der Vorsehung musste der Mensch, dem auf einmal so viel Eigenverantwortung für sein Leben aufgebürdet wurde, jedoch notwendig das Gefühl haben, auf schwankendem Boden zu stehen. Dieses Gefühl existenzieller Verunsicherung sowie die Erfahrung, dass man sich – wenn überhaupt – nur handelnd in einer undurchschaubaren Welt behaupten kann, teilen fast alle Figuren Kleists.

Auch die Marquise von O… erlebt sich als Opfer von Umständen, die ihr Fassungsvermögen überschreiten und sie zeitweise an ihrer geistigen Gesundheit zweifeln lassen:

> Eine Hebamme, meine teuerste Mutter […], wenn ich nicht wahnsinnig werden soll. […] Und wenn Sie die Hebamme rufen lassen wollen, so werden Sie hören, dass das Entsetzliche, mich Vernichtende, wahr ist. (S. 27 f.)

Das Zustandekommen ihrer Schwangerschaft beruht auf einer Reihe von Zufällen. Der Krieg hat sich in die normalen bürgerlichen Verhältnisse gedrängt. Es ist reiner Zufall, dass die Marquise noch im Haus ihres Vaters ist, als die Festung von feindlichen Truppen angegriffen und schnell eingenommen wird; ebenso, dass sie den Soldaten in die Hände fällt. Zufällig hört der Graf von F… die Schreie der Frau, die von Vergewaltigung bedroht ist. Für sehr viele Vergewaltigungsopfer ist gerade der Umstand, dass sie ganz zufällig zur falschen Zeit am falschen Ort waren, schwer auszuhalten; einem so unerklärlichen Schicksal ausgeliefert gewesen zu sein, verstärkt noch ihr Gefühl des Opferseins. Auch die gleichwohl aus der dramatischen Situation heraus erklärbare Ohnmacht der Marquise, die sie ein weiteres Mal zum Opfer werden lässt, und der ›Kurzschluss‹ ihres Retters, der sich an der schönen Wehrlosen vergeht, weisen in gewisser Hinsicht den

Lavinia Wilson als Julietta in Christoph Starks »Julietta« (2001), einer an die »Marquise von O...« angelehnten Dreiecksgeschichte.

Charakter des Zufälligen auf; *notwendig* erscheint nicht, dass es hatte kommen müssen, wie es letztlich gekommen ist.

Auch bei größter Anstrengung gelingt es nicht, die ziemlich gewalttätige und unheilvolle Begegnung des russischen Grafen mit der ausländischen Witwe auf Gottes Willen und Fügung zurückzuführen. Deren zufällige Folgen – denn natürlich ist es auch nicht notwendig, dass der ungewollte Beischlaf gleich zu einer Schwangerschaft führt – muss die Marquise bitter büßen. Es ist ihr nicht möglich, sich sinnvoll zu verteidigen, denn sie selbst kann den Sinn dieser Schwangerschaft ebenso wenig erkennen wie ihre Veranlassung. Sie macht das Beste daraus, indem sie darauf verzichtet, über den Schicksalsschlag nachzugrübeln, sondern die Kontingenz bis zu einem gewissen Grad hinnimmt. Diese Haltung ermöglicht es ihr auch, nicht gegen Gott aufzubegehren, sondern ihr ungeborenes Kind im Gegenteil als ein besonderes, unbegreifliches Geschenk Gottes zu betrachten (vgl. S. 32).

In dieser Haltung zeigt sich das Bedürfnis des den christlichen Dogmen entfremdeten Menschen, noch an der Vorstellung eines gütigen Gottes festzuhalten. Diesen Impuls verrät auch eine in der Kleistforschung vielzitierte Bemerkung des Autors gegenüber seinem engen Freund Otto August Rühle von Lilienstern in einem Brief vom 31. August 1806, also zu einer Zeit, an der er möglicherweise schon an der *Marquise von O…* arbeitete: »Es kann kein böser Geist sein, der an der Spitze der Welt steht; es ist bloß ein unbegriffener!« (SB, S. 370) Offenbar von einer ähnlichen Überzeugung geleitet, entscheidet sich die Marquise, die Existenz ihres ungeborenen Kindes fatalistisch zu bejahen.

In der *Marquise von O…* zeigt Kleist, dass es zwar möglich ist, die Verwicklungen des Lebens, psychisches und physisches Leiden, nachträglich als sinnhaft zu deuten; doch wird auch deutlich, dass es letztlich ›sinnvoller‹ und klüger ist, die Erfahrung von Kontingenz fraglos anzunehmen.

Da sich Literatur aber traditionellerweise gerade dadurch auszeichnet, Wechselfälle des Lebens in ein sinnvolles narratives Muster zu überführen, also im Erzählen menschliches Geschehen mit Sinn und Bedeutung aufzufüllen, ist es begreiflich, warum *Die Marquise von O…* für das Lesepublikum eine enorme Herausforderung war. Kleist mutet Lesern und Leserinnen zu, sich wie seine Hauptfigur mit Lebensumständen auseinanderzusetzen, die weder moralisch noch angenehm noch irgendwie sinnvoll sind. Jeder Sinn, den man den bizarren Umständen unterschiebt, unter denen hier zwei Menschen für den ›Bund des Lebens‹ zusammenfinden, wirkt bemüht und wenig überzeugend. Tatsächlich haben wir es mit einem sehr modernen Text zu tun, der neben Betroffenheit auch Ratlosigkeit hervorruft. Beides muss der Leser aushalten.

V Literaturgeschichtliche Einordnung

In der Literaturgeschichte wird Kleist meist als Außenseiter gesehen, der sich keiner der um 1800 gängigen literarischen Strömungen zuordnen lässt. Der zu Lebzeiten des Dichters nur geringe, posthum aber umso größere Erfolg tut sein Übriges, ihn als Sonderfall seiner Epoche erscheinen zu lassen. Im Vorwort des 2009 erschienenen *Kleist-Handbuchs* wird der Dichter als »rätselhafte Persönlichkeit« bezeichnet, dessen Werke nicht minder rätselhaft seien (Breuer, S. VII).

Trotz seiner ausgeprägten Eigenart hat aber auch Kleist fremde Einflüsse aufgenommen. Auf die stofflichen Parallelen zwischen der *Marquise von O…* und anderen – früheren wie zeitgenössischen – Erzählungen ist bereits hingewiesen worden (vgl. die Seiten 18–21 dieses Bands). Hier soll ergänzend gezeigt werden, dass Kleists Schaffen gleichermaßen von aufklärerischen wie romantischen Ideen beeinflusst ist, wobei bei der *Marquise von O…* das Romantische stärker zum Tragen kommt.

›Querelle des femmes‹

Kleists Erzählung lässt sich als Beitrag zur ›Querelle des femmes‹ betrachten. Darunter versteht man die jahrhundertelange Diskussion um die Gleichheit oder Differenz der Geschlechter, die im Zeitalter der Französischen Revolution neu aufflammte. 1791 verfasste die Frauenrechtlerin Olympe de Gouges (eigentlich: Marie Gouze, 1748–1793) ihre *Déclaration des droits de la femme et de la citoyenne (Erklärung der Rechte der Frau und Bürgerin)*. Diese radikale Streitschrift beruft sich in aufklärerischer Tradition auf Vernunft und Natur. Olympe de Gouges sah die Unterlegenheit der Frau nur als sozial verursacht, nicht als biologisch determiniert an. Ihre Forderung, dass Frauen über die gleichen Staatsbürgerrechte wie Männer verfügen sollten, war vor 200 Jahren ein Stein des Anstoßes, regte aber die Debatte um die Gleichheitsfrage auch in anderen Ländern an. 1792 veröffentlichte die englische Schriftstellerin Mary Wollstonecraft (1759–1797) das feministische Standardwerk *A Vindication of the Rights of Woman (Eine Verteidigung der Rechte der Frau)*. Im selben Jahr erschien in Berlin die umfangreiche Schrift *Über die bürgerliche Verbesserung der Weiber*. Autor war der Oberbürgermeister von Königsberg Theodor Gottlieb von Hippel (1741–1796), ein Freund Immanuel Kants. Da Kleist zur Zeit, als er mutmaßlich an der *Marquise von O…* arbeitete, in Königsberg lebte, liegt die Vorstellung nahe, dass er damals auch mit den fortschrittlichen Ideen Hippels bekannt wurde. Wenn man andererseits Kleists (allerdings einige Jahre zuvor entstandene) Briefe an seine Verlobte liest, etwa jene, in denen er sie – ganz im Sinne von Jean-Jacques Rousseaus Gesellschaftskritik – vom Landleben überzeugen und darin bestärken möchte, ihre sozialen Privilegien um seinetwillen aufzugeben, kommt man nicht umhin, in Kleist einen strengen Verfechter herkömmlicher Geschlechtervorstellungen zu sehen. Er war davon überzeugt, dass die Frau der männlichen Führung und Anregung bedürfe.

[B]eantworte mir diese eine Frage: Welches ist das h ö c h s t e Bedürfniß des Weibes? Ich müßte mich sehr irren, wenn Du anders antworten könntest, als: die Liebe ihres Mannes. Und nun sage mir, ob irgend eine Lage alle Genüsse der Liebe so erhöhen, ob irgend ein Verhältniß zwei Herzen so fähig machen kann, Liebe zu geben und Liebe zu empfangen, als ein stilles Landleben?

Kleist am 27. Oktober 1801 an Wilhelmine von Zenge (SB, S. 287).

In den Verlobungsbriefen wird deutlich, dass Kleist seiner Geliebten wenig Autonomie zugesteht. Sie soll ganz in ihrer Liebe zum Mann aufgehen. Die Frage nach der Autonomie des Menschen war um 1800 hochaktuell. Für Georg Wilhelm Friedrich Hegel (1770–1831) – dessen *Phänomenologie des Geistes* 1807, fast zeitgleich mit Kleists *Marquise von O…*, erschien – drückt sich die Autonomie des Menschen in seinem Gewissen aus, mehr noch: Erst der geistig autonome Mensch ist zu moralischen Urteilen fähig. Dieses autonome Subjekt ist allerdings immer als männliches Subjekt gedacht. Die oben erwähnten zeitgenössischen Schriften kritisieren diesen Ausschluss der Frau aus der Sphäre des Allgemein-Menschlichen.

Dass Kleists Protagonistin über moralische Autonomie verfügt, ist offensichtlich. Der Erzähler spricht vom »ganzen Stolz der Unschuld« (S. 31), der sie erfüllt. Die Handlung des Texts basiert geradezu auf dem starken moralischen Selbstgefühl, mit dem die Marquise ihre Umwelt provoziert. Diese weibliche Autonomie bricht nicht nur mit den gängigen Geschlechtervorstellungen, sondern steht auch quer zu Kleists persönlicher Auffassung vom Wesen der Weiblichkeit, das eben nicht auf Autonomie, sondern auf völlige Hingabe setzt. Die derart, also als ›unweiblich‹ autonom, angelegte Protagonistin (man denke auch an Kleists *Penthesilea*) kann als Ausdruck einer um 1800 aufbrechenden Krise bestehender Weiblichkeitsbilder verstanden werden.

Romantik

Wie Jean Paul (1763–1825) und Friedrich Hölderlin (1770–1843) wird Kleist »unter Vorbehalten als Romantiker verstanden« (Schmitz-Emans, S. 227). Kleist kannte die Sehnsucht nach ›romantischer Vergessenheit‹ (vgl. seinen Brief vom 21. Mai 1801 an Wilhelmine von Zenge), war aber letztlich viel zu stark vom Erkenntniswillen der ganz auf die Vernunft setzenden

Aufklärung beherrscht, um sich rein von Intuition und Gefühl leiten zu lassen. Gerade bei der *Marquise von O…* fallen aber doch verstärkt romantische Züge ins Auge.

In Teilen der Kleistforschung gelten die bewusstseinsphilosophischen Fragen, die Kleist in seinen Werken stellt, als Zeichen für seine romantische Prägung. Dabei ist die Bewusstseinsphilosophie, also die Philosophie des Geistes, zunächst nichts genuin Romantisches. Sie behandelt die Frage, was die Identität eines Menschen ausmacht, was sein Selbstbild prägt, worin seine Freiheit besteht, worauf menschliche Handlungsfähigkeit basiert und durch welche vernunftgegebenen Prinzipien sie bestimmt ist. Die aufklärerische Linie der Philosophie des Geistes vertritt mit Kant die Auffassung, dass der Mensch durch die spezifische Beschaffenheit seiner Vernunft zum handlungsfähigen und moralischen Subjekt wird. Auch die Marquise von O… bleibt gerade wegen ihres starken Verstands handlungsfähig. Doch befähigt sie dieser Verstand, so der Erzähler, gerade dazu, das Mysteriöse ihrer Situation in größtmöglicher Gelassenheit hinzunehmen: »Ihr Verstand, stark genug, in ihrer sonderbaren Lage nicht zu reißen, gab sich ganz unter der großen, heiligen und unerklärlichen Einrichtung der Welt gefangen.« (S. 32) Wie viel Kraft sie diese Haltung gleichwohl kostet, zeigt ihr späterer Stoßseufzer angesichts der für sie so bestürzenden Einsicht, dass der von ihr idealisierte Retter sich an ihr vergangen hat: »ich werde wahnsinnig werden, meine Mutter!« (S. 50)

Was hier als der bewusstseinsphilosophische Themenkomplex der Erzählung bezeichnet wird, ist die Anerkennung der unbewussten, irrationalen Antriebe und Konflikte des Menschen. *Die Marquise von O…* stellt die Frage nach der »Macht des Widervernünftigen« und nach der »Wahrheit der Gefühle« (Schmitz-Emans, S. 229), wodurch die weiblichen Figuren, da sie gefühlsbetont handeln, gegenüber dem strengen System der Logik privilegiert werden: Indem die Mutter ihren Gefühlen gegenüber der Tochter traut, enttarnt sie den logischen Fehlschluss, der zur Ausstoßung der jungen Frau aus der Familie geführt hat.

Insbesondere mit der Frühromantik teilt Kleists Erzählung die kritische Einstellung gegenüber traditionellen Wertesystemen, besonders bezogen auf die sexuelle Moral und die Werte innerhalb der Kleinfamilie. Die pauschalen Maßstäbe der Gesellschaft können dem einzelnen Individuum, so die Überzeugung der Romantiker, nicht gerecht werden. Auch heute gilt im Allgemeinverständnis noch die Suche nach einem individuellen Weg, fern der gesellschaftlichen Vorgaben, als romantisches Projekt. Nicht zuletzt der heute noch gängige Begriff der ›romantischen Liebe‹ bewahrt diese Auffassung von Romantik als Gesellschaftsabkehr. Die Radikalität ›romantischer Liebe‹ beruht auf der Ausschließlichkeit ihres Anspruchs: Nur die Liebe und die geliebte Person zählen. Die romantische Partnerwahl untersteht keinerlei Kalkül (hinsichtlich Herkunft, Stand oder ökonomischer Situation) und akzeptiert keine gesellschaftlichen Vorgaben.

Sowohl ihre Entschlossenheit, nach dem Tod des geliebten Mannes keine zweite Ehe mehr einzugehen, wie auch ihre heimliche Idealisierung des Grafen – deren Intensität sich an an der Abscheu messen lässt, die sie ihm nach seinem Geständnis zunächst entgegenbringt – lassen Kleists Marquise als eine romantisch Liebende erscheinen. Dass sie dennoch bereit ist, eine reine Zweckehe einzugehen, um ihr noch ungeborenes Kind vom Makel der Unehelichkeit zu befreien (mit anderen Worten: um den Normen der Gesellschaft zu genügen), steht auf einem anderen Blatt, denn Liebe spielt dabei keine Rolle. Indem sie es in Kauf nimmt, womöglich unter ihrem Stand zu heiraten (vgl. S. 43), beweist sie im Gegenteil eine gewisse Verachtung gesellschaftlicher Konventionen.

Johann Heinrich Füssli (1741 bis 1825): »Nachtmahr« (Alptraum), Version von 1781. Öl auf Leinwand, 101 mal 127 cm.

Die Auseinandersetzung mit den unbewussten Antrieben des Menschen in der *Marquise von O…* zeigt auch eine deutliche schauerromantische Prägung. Die ›Schauerromantik‹ hat in England ihren Ursprung: Sie interessiert sich für unerklärliche Phänomene, die Nachtseite des Bewusstseins, die Welt der Träume. Ihre vorherrschenden Stimmungsgehalte sind plötzliches Grauen und anhaltende Melancholie. Auch eine düstere, schwarz-romantische Vorstellung von Erotik, die die Beziehung zwischen dem Grafen und der Marquise zumindest zeitweise prägt, gehört zum Motivkomplex der Schauerromantik. Der nicht explizierte Vergewaltigungsakt gliedert sich in diese schwarz-romantische Ästhetik ein.

Neben dem Vergewaltigungsakt offenbart auch der Hinweis auf »Phantasus« und »Morpheus« (S. 11) eine phantastische Komponente des Texts. Trägt die Marquise eine Geistergestalt im Leib, ist sie von einer solchen überwältigt und geschwängert worden?

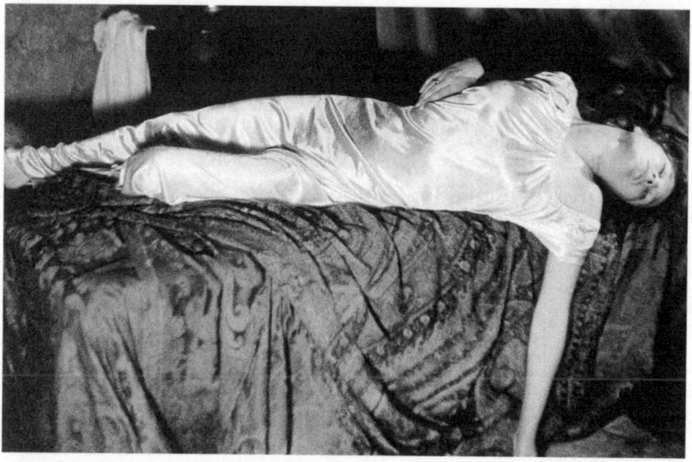

›Film still‹ aus der Kinoadaption von Kleists Erzählung durch den französischen Filmemacher Eric Rohmer (1920 bis 2010).

Der Schweizer Maler Johann Heinrich Füssli ist als bildender Künstler der schwarz-romantischen Strömung zuzuordnen. Sein wohl bekanntestes Gemälde *Nachtmahr* (S. 98; vgl. auch die Fassung auf S. 81 dieses Bands) wirkt wie eine Illustration des heimlichen Geschehens in der *Marquise von O…*: Auch der Graf bemächtigt sich der bewusstlosen Frau wie eine Spukgestalt. Der schauerromantische Stimmungsgehalt der Szene wird auch in Eric Rohmers filmischer Umsetzung des Stoffs offensichtlich. Die Marquise erscheint als passive und zugleich verführerisch Dahingesunkene, die unbewusst von einer Pein ergriffen wird. Der Graf mutiert in dieser Stituation zum Dämon, weil sein Begehren paraphilisch (sexuell normabweichend) anmutet. Das auf leblose oder bewusstlose ›Objekte‹ gerichtete Begehren gehört zum engeren Motivkreis der Schauerromantik. Die ohnmächtige, wehrlose Marquise weckt im Grafen einen zerstörerischen Trieb, der die Frau zum Opfer männlicher Gewalt macht.

Auch Kleists skeptisches Verhältnis zur Sprache als Medium der Mitteilung (vgl. S. 10 dieses Bands) sowie seine eigene unverwechselbare Sprache als Erzähler werden oft als Ausdruck seiner Nähe zur Romantik aufgefasst (vgl. dazu auch Schmitz-Emans, S. 237 f.). Dabei zielen Kleists mit Beobachtungen und Nebengedanken überladene Satzkonstruktionen keineswegs darauf ab, Verwirrung zu stiften und dem Leser die Orientierung zu nehmen. Im Gegenteil liegt Kleists sperriger Erzählstil das aufklärerische Anliegen zugrunde, die geschilderten Ereignisse der fiktionalen Welt so akkurat wie möglich zu erhellen. Diese fiktionale Welt ist bei Kleist jedoch immer eine undurchdringliche und darum bedrohliche Welt. Die unerbittliche Gründlichkeit, mit der der Erzähler diese Welt ausleuchtet, bringt gewissermaßen die ständige Alarmbereitschaft der Figuren, die sich in dieser Welt zu orientieren suchen, zum Ausdruck. Alles muss registriert, nichts darf übersehen werden, will man sich in dieser unberechenbaren Welt erfolgreich behaupten. Die Überforderung der Figuren, die dadurch eindringlich zum Ausdruck kommt, kann aber eben auch zur Überforderung des Lesers werden, der im Dickicht der Kleist'schen Satzkonstruktionen womöglich den Überblick verliert. So kann, was auf der Ebene des neutralen Befunds Ausdruck größter Bemühung um Genauigkeit ist, auf der Ebene der Wirkung, die Kleists dichterische Sprache auf den Leser ausübt, ins Gegenteil umschlagen und eben den Eindruck von Undurchdringlichkeit vermitteln, den Kleists Figuren der Welt gegenüber besitzen, in der sie sich handelnd bewähren sollen. Ein Übermaß an aufklärerischem Streben nach Klarheit würde so, etwas plakativ zugespitzt, einen romantischen Effekt produzieren. Die Vielzahl ›blinder Motive‹ in Kleists Erzählungen – sorgfältig vermerkte Einzelheiten, deren Funktion für ein Verständnis der Vorgänge allerdings rätselhaft bleibt – tragen zu diesem Effekt bei.

VI Rezeption

Literaturkritik und Literaturwissenschaft

In der zeitgenössischen Rezeption der *Marquise von O...* überwogen die negativen Stimmen. Neben der Kritik an Sprache, Stil und dem sexuellen Inhalt der Erzählung wurde auch bemängelt, dass es sich um eine schlechte ›Kriminalerzählung‹ handele, weil die Täterschaft des Grafen nicht lange genug verborgen bleibe. (Den gleichen Einwand brachten die zeitgenössischen Kritiker übrigens auch gegen Kleists Lustspiel *Der zerbrochne Krug* vor.) So schreibt Karl August Böttiger in seiner Rezension der Zeitschriftenfassung von 1808: »Schon nach den ersten Seiten errät man den Schluß des Ganzen, und die Menschen darin benehmen sich alle so inkonsequent, albern, selbst moralisch unmoralisch, daß für keinen Charakter irgendein Interesse gewonnen werden kann.« (In: *Der Freimüthige,* zitiert nach DKV, Band 3, S. 773) Der Widerspruch zwischen der erotischen Ausstrahlung der Frau, ihrer mysteriösen Schwangerschaft und ihrer Inthronisierung als weibliches Tugendideal galt um 1800 noch als Zumutung, besonders für ein weibliches Lesepublikum (vgl. Gerrekens in: Breuer, S. 411). Henriette von Knebel beklagte in einem Brief vom 5. März 1808 an ihren Bruder Carl Ludwig von Knebel, einen Freund Goethes, dass die »Geschichte der Marquisin von O. [...] kein Frauenzimmer ohne Erröten lesen« könne (zitiert nach DKV, Band 3, S. 774). Obwohl Wilhelm Grimm die Buchausgabe der *Erzählungen* mit viel Verständnis und Bewunderung besprach, konstatierte auch er: »Für die Menge sind sie freilich nicht geschrieben« (in: *Zeitung für die elegante Welt,* 24. November 1810, zitiert nach DKV, Band 3, S. 701). Er betonte als einer der Ersten die »hohe Charakterwürde der unglücklichen Marquise«. Erst die Naturalisten und Expressionisten urteilten wieder so positiv über den Text.

Innerhalb der literaturwissenschaftlichen Beschäftigung mit der *Marquise von O…* dominierten im 20. Jahrhundert zunächst zwei Deutungsansätze: zum einen die sich Mitte des 20. Jahrhunderts durchsetzende existentialistische Lesart, in der die selbstbewusste, emanzipatorische Haltung der Marquise betont wurde – ihr folgen auch die exemplarischen Interpretationen in diesem Buch; zum anderen eine psychoanalytische Lesart, die »in Übereinstimmung mit dem Wortlaut von Kleists bissig-ironischem Epigramm aus dem April-Heft des *Phöbus*« (vgl. S. 6 dieses Bands) »die durch den Gedankenstrich markierte Stelle« als Hinweis darauf deutete, »dass die Marquise ihre Ohnmacht nur vorgetäuscht, also tatsächlich die Augen bloß ›zugehalten‹ habe, wie Kleist es in dem Epigramm formuliert, und damit stillschweigend der Tat des Grafen zugestimmt habe« (Doering, in Breuer, S. 110). Das stark Spekulative dieses Interpretationsansatzes hat jedoch (zurecht) viel Kritik auf sich gezogen.

In jüngerer Zeit setzten sich sozialgeschichtlich orientierte Interpreten mit der Ahndung der einerseits versuchten, andererseits vollzogenen Vergewaltigung auseinander (vgl. dazu Košenina und Künzel sowie S. 80 dieses Bands).

Eine genderkritische Lesart vertritt Christine Künzel, die darauf hinweist, aus feministischer Sicht sei es kein Zufall, sondern vielmehr »Ausdruck einer männlichen Form des Erkennens, daß Wissen in Form von sexuellen Metaphern konzipiert wird, als gewaltsames ›Eindringen‹ bzw. ›Durchdringen‹ eines Gegenstandes«. Während die Frau »als (offener Raum) – als ›Frauenzimmer‹ – « aufgefasst werde, »der dem Eindringen von außen mehr oder weniger ausgeliefert ist«, stelle sich »die Mannsperson sowohl in ihrer sexuellen als auch geistigen Funktion als ein fester Körper dar, der der Penetration von weiblichen Körpern und auch anderen Gegenständen dient« (Künzel, S. 74 f.).

Adaptionen in Literatur und Film

Heinrich Zschokke (1771–1848), ein guter Bekannter Kleists – *Der zerbrochne Krug* war das Resultat eines privaten Dichterwettstreits zwischen Zschokke, Kleist und Wielands Sohn Ludwig –, ließ sich von der *Marquise von O...* zu dem Schwank *Tantchen Rosmarin oder alles verkehrt* (1812) anregen. Eine anspruchsvollere produktive Auseinandersetzung findet sich im zweiten Teil der *Nachtstücke* (1816/17) E. T. A. Hoffmanns (1776–1822). In der Schauernovelle *Das Gelübde* weist eine junge Frau ihren Bewerber zurück, der daraufhin ausländische Kriegsdienste annimmt. Nun verzehrt sich die Frau in neu entbrannter Liebe nach ihm. Ein Vetter des Geliebten nutzt ihre Verstörung aus und schläft mit ihr, als sie die Trauung und Hochzeitsnacht mit dem Entschwundenen phantasiert. Sie wird schwanger und die Sache nimmt kein gutes Ende.

Zahlreicher als die erzählerischen Adaptionen sind die Bearbeitungen für das Theater. Zu nennen sind Ferdinand Bruckners *Marquise von O...* (1933), Alfred Günthers *Hauptmann Fabian* (1934), Egon Günthers *Kampfregel. Komödie nach Kleists Marquise von O.* (1969) und Hartmut Langes *Die Gräfin Rathenow* (1969/1973). Thematisch sind sie alle eng an das ›Ohnmacht-Vergewaltigung-Schwangerschaft‹-Motiv geknüpft, doch situieren sie das Geschehen anders und verwischen die Schärfe in der Gestaltung der Figuren.

Die berühmteste filmische Adaption, wenn auch nicht die erste, ist Eric Rohmers *Die Marquise von O...* (Deutschland/Frankreich 1976, 102 Minuten). Die Darsteller, bekannte Bühnenschauspieler, agieren wie auf dem Theater. Rohmers Filme sind häufig sehr langsam erzählt, und Kleists *Marquise* eignet sich besonders gut für seinen Filmstil. Für heutige Sehgewohnheiten wirken die Langsamkeit der Aktion, die langen Einstellungen, die enge Bindung an Kleists Text, die gedämpfte Handlungsdramatik und die manierierte Darstellung schnell ermüdend. Die Kameraeinstellungen (auffällig ist die Vermeidung von Nahaufnahmen) lassen den Film wie eine Aufeinanderfolge von abfotografierten Gemälden wirken und ziehen den Zuschauer nicht in die Handlung hinein. Indem er die Handlung durch ein distanzierendes Objektiv betrachtet, wird ihm gleichsam die Rolle aufgezwungen, die Kleist seinem Erzähler überantwortet, nämlich das Geschehen rein äußerlich – sozusagen ›objektiv‹ – zu betrachten. Wenn der Betrachtung des Films die Lektüre des Erzählung unmittelbar vorausgegangen ist, entfaltet er seine größte Wirkung. Erst vor dem Hintergrund der Textgrundlage ist es möglich, seinen symbolischen Gehalt – von der Innenausstattung bis zur Wahl der Kostüme und Frisuren – richtig einzuschätzen. Rohmer bleibt dem Original sehr treu. Aus seiner Sicht arbeitet Kleist selbst wie ein Drehbuchautor, der »mit äußerster Präzision [...] über die Gewohnheiten, Bewegungen, Äußerungen seiner Helden Auskunft gibt« (Rohmer, S. 112). Der Regisseur verzichtete auf jede Modernisierung des Geschehens im Film, nicht nur in sprachlicher, sondern auch in gestischer Hinsicht.

Die Unschuld der Marquise wird an einigen Stellen betont, etwa dadurch, dass das Zimmer auf ihrem Landgut, in dem die Mutter sie auf ihre Aufrichtigkeit hin prüft, mit Lilien geschmückt ist. Dies setzt die Marquise in Analogie zur heiligen Jungfrau, denn die Lilie steht in bildlichen Darstellungen der ›Verkündigung‹ für die unbefleckte Empfängnis.

Die einzige Umdichtung, die Rohmer sich gestattet hat, betrifft die Umstände der Vergewaltigung. Dieser geht keine Ohnmacht voraus, sondern sie wird durch einen Schlaftrunk erleichtert, wenn nicht sogar bewirkt. Nachdem der Graf die Marquise aus den Fängen der Soldaten befreit hat, geleitet er sie in einen vom Feuer verschonten Flügel des Hauses. Dort schließt sie, wiederum mit deutlichem ikonografischen Bezug auf die Madonna, ihre Kinder innig in die Arme. Leopardo, der Jäger, erhält den Auftrag, ihr zur Beruhigung einen Schlaftrunk zu bringen. (Als die Mutter ihrer Tochter später die Mitteilung macht, Leopardo sei der gesuchte Vater, vermutet diese, dass er sich bei dieser Gelegenheit an ihr vergangen hat.) Als die Marquise schon schläft, sich dabei unruhig auf ihrem Lager hin und her wälzend und nur mit einem dünnen Nachthemd bekleidet, tritt der Graf noch einmal an die Tür, um nach ihr zu sehen. Die Kamera fängt seinen begehrenden Blick auf, und durch die Kameraführung sehen wir mit den Augen des Grafen auf die betäubte und zugleich wild sich gebärende Marquise. Eine Abblende übernimmt im Film die Funktion des Gedankenstrichs. Der Zuschauer sieht ebenso wenig, was nun geschieht, wie der Leser von Kleists Erzählung davon las. Deutlicher als in der literarischen Vorlage wird aber für einen kurzen Moment das unritterliche Begehren des Grafen visuell vermittelt. Als die Marquise aus ihrem unruhigen Schlaf erwacht, ist der Graf schon abkommandiert.

Eine weitere kleinere Abweichung gegenüber der Vorlage besteht darin, dass der Graf seine Fieberfantasie vom Schwan erst am Ende erzählt, und nur seiner Frau, um so ihr Verständnis und ihre Vergebung für seine Tat zu erlangen. Rohmer erklärte diese Änderung mit dem Wunsch, den Film mit einem poetischen Höhepunkt der Erzählung ausklingen zu lassen (vgl. Interview mit Rohmer, in: Rohmer, S. 117).

Obwohl die in der Einführung erwähnte filmische Adaption *Julietta* (Deutschland 2001, 100 Minuten) kein großer Kinoerfolg war, bietet auch sie eine interessante Auseinandersetzung mit Kleists Erzählung. Zwar ist die Absicht, junge Zuschauer mit popkulturellen Chiffren wie Techno zu ködern, allzu offenkundig und bereits zehn Jahre später um ihren Effekt gebracht – 2012 wäre Jiri vermutlich nicht Techno-, sondern Hip-Hop-Fan –; doch die filmische Auslegung der weiblichen Hauptfigur ist sehr gelungen.

Die Abiturientin Julietta ist liiert mit einem Medizinstudenten, einem ›coolen‹ Typen, der in einer ›angesagten‹ Stadt studiert. Als der Ältere und Erfahrenere erfüllt er das Rollenklischee des ›hot guy‹. Sie wird in die feminine Position gedrängt, die ziemlich hilflos anmutet. Allerdings erkennt die junge Frau, als sie nach Berlin fährt, um Jiri von ihrer Schwangerschaft zu erzählen, die Widersprüche in seiner Selbstdarstellung und emanzipiert sich von ihm. Max, dem sie in Berlin wiederbegegnet, gewinnt ihr Herz. Nach dem Beischlaf (vgl. S. 5 dieses Bands) hatte er schuldbewusst die ganze Nacht neben der Schlafenden gewacht. Als sensibler Außenseiter ist er als Kontrastfigur zu Jiri angelegt. Nach der Begegnung mit Julietta trennt er sich von seiner Freundin. Als er Julietta jedoch gesteht, dass er ihre Ohnmacht ausgenutzt hat, um mit ihr zu schlafen, distanziert sie sich auch von ihm. Die Schwangerschaft nimmt sie, wie Kleists Marquise, selbstbewusst an. Unklar bleibt, von wem sie das Kind empfangen hat – von Jiri, mit dem sie abseits der Love Parade in einem U-Bahn-Schacht leidenschaftlichen Sex hatte, oder von Max, der sie in derselben Nacht heimlich vergewaltigt hat.

Während die ambivalenten Charakterzüge von Kleists Grafen (vgl. S. 64–66 dieses Bands) etwas plakativ auf zwei Figuren verteilt werden, bietet Julietta in ihrer Naivität und ihrem Emanzipationsanspruch viel Identifikationspotenzial für junge Zuschauerinnen. Sie entspricht äußerlich dem Bild des begehrenswerten Mädchens, unterläuft aber im Versuch, erfolgreich zur erwachsenen Frau zu werden, die damit verbundenen männlichen Erwartungen. – Darüber hinaus thematisiert *Julietta* das Ablösungsproblem Jugendlicher von ihrem Elternhaus. Julietta erkennt nämlich, dass die Ehe ihrer Eltern hinter der gutbürgerlichen Fassade zerbrochen ist und nur noch zum Schein aufrechterhalten wird. Das entspricht Kleists Dekonstruktion des bürgerlichen Familienlebens.

Auswahlbibliographie

Ausgaben

Heinrich von Kleist: Die Marquise von O… | Das Erdbeben in Chili. Braunschweig: Bildungshaus Schulbuchverlage 2015. Fünfte Auflage 2018 (Schroedel Lektüren).
Nach dieser Ausgabe wird zitiert. Zitatnachweise aus dem Primärtext erfolgen durch einfache Nennung der Seite.

Heinrich von Kleist: Sämtliche Werke und Briefe in vier Bänden. Herausgegeben von Ilse-Marie Barth, Klaus Müller-Salget, Stefan Ormanns und Hinrich C. Seeba. Frankfurt am Main: Deutscher Klassiker Verlag 1987 bis 1997 (zitiert als: DKV). – Taschenbuchausgabe von Band 3: Sämtliche Erzählungen, Anekdoten; Gedichte, Schriften. Herausgegeben von Klaus Müller-Salget. Frankfurt am Main: Deutscher Klassiker Verlag 2005.

Biographische Darstellungen

Bisky, Jens: Kleist. Eine Biographie. Berlin: Rowohlt Verlag 2007.

Michalzik, Peter: Kleist. Dichter, Krieger, Seelensuche. Berlin: Propyläen Verlag 2011.

Müller-Salget, Klaus: Heinrich von Kleist. Stuttgart: Reclam Verlag 2002 (RUB 17635) (zitiert als: Müller-Salget).

Schede, Hans-Georg: Heinrich von Kleist. Reinbeck bei Hamburg: Rowohlt Taschenbuch Verlag 2008 (rowohlts monographien).

Quellen zu Kleists Werk

Breuer, Ingo (Hrsg.): Kleist-Handbuch. Leben – Werk – Wirkung. Stuttgart und Weimar: Verlag J. B. Metzler 2009 (zitiert als: Breuer).

Kleist, Heinrich von: Sämtliche Briefe. Herausgegeben von Dieter Heimböckel. Stuttgart: Reclam Verlag 1999 (RUB 9768) (zitiert als: SB).

SEMBDNER, HELMUT (Hrsg.): Heinrich von Kleists Lebensspuren. Dokumente und Berichte der Zeitgenossen. München: Carl Hanser Verlag sowie Deutscher Taschenbuch Verlag 1996 (zitiert als: *Lebensspuren*).

Ausgewählte Forschung zu Kleist und »Die Marquise von O...«

DOERING, SABINE: Heinrich von Kleist: Die Marquise von O... Erläuterungen und Dokumente. Stuttgart: Reclam Verlag 1993, 2004 (RUB 8196) (zitiert als: ED).

DOERING, SABINE: Die Marquise von O... In: Kleist-Handbuch. Leben – Werk – Wirkung. Herausgegeben von INGO BREUER. Stuttgart und Weimar: Verlag J. B. Metzler 2009, S. 106–114 (zitiert als: Doering, in Breuer).

DOERING, SABINE: Wie kommt Kleist auf die Love Parade? Die Inszenierungen der Marquise von O... .In: Heilbronner Kleist-Blätter. Herausgegeben im Auftrag der Stadt Heilbronn vom Kleist Archiv Sembdner. 2002, S. 65–78.

KOŠENINA, ALEXANDER: Ratlose Schwestern der Marquise von O.... Rätselhafte Schwangerschaften in populären Fallgeschichten – von Pitaval bis Spieß. In: Kleist-Jahrbuch. Herausgegeben von der Heinrich-von-Kleist-Gesellschaft. 2006, S. 45–59 (zitiert als: Košenina).

KÜNZEL, CHRISTINE: Vergewaltigungslektüren. Zur Codierung sexueller Gewalt in Literatur und Recht. Frankfurt am Main und New York: Campus Verlag 2003 (zitiert als: Künzel).

MEHIGAN, TIM (Hrsg.): Heinrich von Kleist und die Aufklärung. Rochester: Camden House 2000 (Studies on German literature, linguistics and culture).

MOSER, CHRISTIAN: Verfehlte Gefühle. Wissen – Darstellen – Begehren bei Kleist und Rousseau. Würzburg: Verlag Königshausen & Neumann 1993.

NEUMANN, GERHARD: ›Das Stocken der Sprache und das Straucheln des Körpers.‹ Umrisse von Kleist kultureller Anthropologie. In:

Heinrich von Kleist: Kriegsfall – Rechtsfall – Sündenfall. Herausgegeben von GERHARD NEUMANN. Freiburg im Breisgau: Rombach Verlag 1994, S. 13–29.

ROHMER, ERIC: Anmerkungen zur Inszenierung. In: Heinrich von Kleist: Die Marquise von O... . Mit Materialien und Bildern zu dem Film von ERIC ROHMER und einem Aufsatz von HEINZ POLITZER. Herausgegeben von WERNER BERTHEL. Frankfurt am Main: Insel Verlag 1979 (zitiert als: Rohmer).

SCHMIDT, JOCHEN: Die Marquise von O... In: WALTER HINDERER (Hrsg.): Literaturstudium Interpretationen: Kleists Erzählungen. Stuttgart: Reclam Verlag 1998, S. 67–84 (RUB 17505).

SCHMITZ-EMANS, MONIKA: Romantik. In: Kleist-Handbuch. Leben – Werk – Wirkung. Herausgegeben von INGO BREUER. Stuttgart und Weimar: Verlag J. B. Metzler 2009, S. 227–240 (zitiert als: Schmitz-Emans).

Zur Geschlechtergeschichte

DÜLMEN, ANDREA VAN (Hrsg.): Frauenleben im 18. Jahrhundert. München: Verlag C. H. Beck 1992 (zitiert als: Dülmen).

DÜLMEN, ANDREA VAN (Hrsg.): Frauen. Ein historisches Lesebuch. München: Verlag C. H. Beck 1988.

Über die Autorin

Katja Kauer studierte Germanistik, Anglistik und Philosophie an der Otto-von-Guericke-Universität Magdeburg und der Nottingham University (GB). Seither hat sie als wissenschaftliche Mitarbeiterin und Lehrbeauftragte an der Universität sowie im Bereich Öffentlichkeitsarbeit des Theaters Magdeburg gearbeitet. 2006 Promotion (*Banaler und Dämonischer Sex in der Literatur um 1900 und um 2000. »Voneinander Besitz ergreifen oder einfach kopulieren«.* Hamburg 2007). Weitere Publikationen zu *Pop und Männlichkeit. Zwei Phänomene in prekärer Wechselwirkung* (Berlin 2008), *Popfeminismus! Fragezeichen! Eine Einführung* (Berlin 2009), *Familie – Kultureller Mythos und soziale Realität* (Berlin 2010) sowie über Ingeborg Bachmann und die Fürstin Louise von Anhalt Dessau. 2012 Habilitation mit einer Schrift über die *Die Positivierung der Verzweiflung im 18. Jahrhundert.*

Bildquellenverzeichnis

|akg-images GmbH, Berlin: 9, 15. |ddp images GmbH, Hamburg: Titel, 27, 41, 59, 99. |DRAMA. Agentur für Theaterfotografie, Berlin: Bresadola 79. |Kleist-Museum, Frankfurt/Oder: KPM 17. |ullstein bild, Berlin: 65; Lieberenz 71. |Visipix.com, Niederglatt: 53, 81, 98. |ZDF, Mainz: teamWorx/Erik Lee Steingröver 89, 91.

Wir arbeiten sehr sorgfältig daran, für alle verwendeten Abbildungen die Rechteinhaberinnen und Rechteinhaber zu ermitteln. Sollte uns dies im Einzelfall nicht vollständig gelungen sein, werden berechtigte Ansprüche selbstverständlich im Rahmen der üblichen Vereinbarungen abgegolten.

»Schroedel Interpretationen« (Auswahl)

Alfred Andersch: *Sansibar oder der letzte Grund* (47726)
Bertolt Brecht: *Der gute Mensch von Sezuan* (47739)
Bertolt Brecht: *Die Dreigroschenoper* (47738)
Bertolt Brecht: *Leben des Galilei* (47702)
Georg Büchner: *Dantons Tod* (47719)
Georg Büchner: *Woyzeck* (47708)
Friedrich Dürrenmatt: *Der Besuch der alten Dame* (47706)
Friedrich Dürrenmatt: *Die Physiker* (47712)
Theodor Fontane: *Effi Briest* (47707)
Theodor Fontane: *Irrungen Wirrungen* (47722)
Max Frisch: *Homo faber* (47718)
Johann Wolfgang von Goethe: *Die Leiden des jungen Werther* (47701)
Johann Wolfgang von Goethe: *Faust I* (47721)
Johann Wolfgang von Goethe: *Iphigenie auf Tauris* (47715)
Günter Grass: *Im Krebsgang* (47703)
Gerhart Hauptmann: *Vor Sonnenaufgang* (47733)
Hermann Hesse: *Der Steppenwolf* (47740)
E. T. A. Hoffmann: *Der goldne Topf* (47741)
E. T. A. Hoffmann: *Der Sandmann* (47725)
Franz Kafka: *Der Process* (47730)
Franz Kafka: *Die Verwandlung* (47727)
Heinrich von Kleist: *Michael Kohlhaas* (47705)
Heinrich von Kleist: *Prinz Friedrich von Homburg* (47713)
Wolfgang Koeppen: *Tauben im Gras* (47714)
Christian Kracht: *Faserland* (47729)
Gotthold Ephraim Lessing: *Emilia Galotti* (47724)
Gotthold Ephraim Lessing: *Nathan der Weise* (47732)
Thomas Mann: *Der Tod in Venedig* (47728)
Thomas Mann: *Mario und der Zauberer* (47717)
Joseph Roth: *Hiob* (47731)
Friedrich Schiller: *Don Karlos* (47704)
Friedrich Schiller: *Kabale und Liebe* (47723)
Friedrich Schiller: *Maria Stuart* (47700)
Arthur Schnitzler: *Traumnovelle* (47711)
Sophokles: *Antigone* (47735)

Siehe auch: www.westermann.de/schroedel-interpretationen